感覚と運動の高次化理論からみた発達支援の展開

からみた

発達支援の展開

子どもを見る眼・
発達を整理する視点

著 ■ 池畑美恵子

学苑社

本書は淑徳大学出版助成による刊行物である。

まえがき

　本書『感覚と運動の高次化理論からみた発達支援の展開』は、淑徳大学発達臨床研究センターで実践を通して構築されてきた「感覚と運動の高次化理論」をより具体的に、実践で活用可能な視点を盛り込み整理したものである。

　「感覚と運動の高次化理論」は、故宇佐川浩先生が自身の臨床実践と、当時さまざまな支援現場のスーパーヴィジョンにおもむく中で、「障害児の発達をどう読み取るか」子ども理解の視点を根底から整理する必要性の中で構築された理論である。

　その体系は、以下6冊の著書に詳述されている。

　『感覚と運動の初期発達と療育——目と手の発達指導を中心として』

（全国心身障害児福祉財団、1986年）

　『感覚と運動の高次化と自我発達——障害児臨床における子どもの理解』

（全国心身障害児福祉財団、1989年）

　『障害児の発達臨床とその課題——感覚と運動の高次化の視点から』

（学苑社、1998年）

　『障害児の発達支援と発達臨床——発達臨床心理学からみた子ども理解』

（全国心身障害児福祉財団、2001年）

　『障害児の発達臨床Ⅰ　感覚と運動の高次化からみた子ども理解』
　『障害児の発達臨床Ⅱ　感覚と運動の高次化による発達臨床の実際』

（学苑社、2007年）

　筆者は、感覚と運動の高次化理論がもつユニークな視点は、以下3点であると強く感じている。

（1）障害児の発達を理解する難しさ・危うさを認識した上で、彼らの世界を知ろうとしていること

　筆者が淑徳大学で最初に受けた講義は、「障害児臨床心理学」であった。その初回、宇佐川先生は「いかに大人が常識的な価値観で子どもを見てしまうか」、結果として「良かれと思ってかかわり、必要だと考え指導していることが時に思い込みによる誤った指導になり得るか」を映像も用いて指摘し、「障害児は迷惑をしている」という結論で締めくくられた。この初回講義のインパクトは大きく、以後どのような子どもに出会っても、指導や彼らの体験世界は"簡単に""ハウツーで"わかり得るものではないという基本を教えられたと考えている。

1

（2）発達初期からことば・概念の形成段階まで、障害のある子どもが育つ道筋を、実践から具体的に導き出したこと

　具体的には、ことばを獲得する前の段階の感覚や知覚の世界の子どもに対して、教材教具を用いて徹底的に向き合い、感覚の使われ方や感覚の育ちの順序性を示したほか、知覚についても視知覚や聴知覚の基礎がどう育つかを明らかにした。このあたりの初期発達の整理が、既存の発達検査や知能検査ではわかり得ない領域であり、具体的な教材教具のアイデアや教授法とも結びついていることで、定型発達では自明とされている発達の基礎をどう理解し指導するかを見通せるものにしたと思われる。

（3）大人の価値観からみて「気になること」を支援の目標にするのではなく、育ちの基礎と領域の絡み合い（特に、認知の育ちと対人関係の育ちの絡み合い）を重視したいこと

　そもそも障害児の認知発達が、記憶や文字、数あるいは動作性認知や言語性認知といった定型発達で扱われる認知に焦点化されている限り、障害の重い子どもの認知は捉えられないという点に、根本的な難しさがある。また、仮に障害の重い子どもが取り組める学習課題が提供されたとしても、それが子どものいかなる側面を育てるのか、発達全体を見通した課題設定であるのかを考慮しない限り、難しい課題をただ繰り返し与えることに終始してしまう。感覚と運動の高次化理論では、認知を「知恵」と呼び、発達初期段階から言語、概念の形成に至るまで段階を追って整理した。またそのプロセスを、対人関係（自己像）の発達との絡み合いで捉えたことが大きな特徴といえる。対人関係のつまずきを、人との関係性の中だけの課題として迫るのではなく、目の使い方や表象の育ち、あるいは姿勢や情動の調節といった側面も含めて捉えていくことで、障害のある子どものつまずきの基礎・基盤の育ちを理解する手がかりを示したといえよう。

　近年、障害のある子どもへの支援、教育の在り方は、その対象範囲の拡大とともに多様化し、指導法や教材に関する情報も入手しやすくなっている。療育や特別支援教育で支持されてきた支援の方向性も適応的、自立的な行動の拡大であり、望ましいコミュニケーションや社会性の獲得が中心に位置づけられている。また、これらの発達を後押しする環境調整の重要性についても、ここで挙げるまでもなく具体的手法が多数示され、支援現場で一定程度活用される方向になる。

　しかし、筆者が抱く危惧として、〈療育や教育的指導のスタイルやノウハウが明確になるほど、指導者の子ども理解が浅いレベルに留まったまま、活動や指導展開だけに注目が集まる傾向はないだろうか？〉という思いがある。活動に子どもがのれたかどうかが評価の大半を占め、個々の発達を読み取ることなく、次々に活動が提供されている実態はないだろうか？　子どもを「どう理解するか」より、「子どもに何をさせるか」を中心に実践が展開され、子どもを見る眼が深まっているであろうか？　かかる観点から、実践を捉え直し、子どもを具体的に

理解する手がかりとして、感覚と運動の高次化理論を位置づけたい。

　本書は、感覚と運動の高次化理論は「用語が複雑で難しい」「個別でかかわれない現場では活用しにくい」といった声や「はめ板教材で複雑に指導する技法」という誤解を念頭に、できる限り理論の中心をなす子どもの見方が正確に、具体的に伝わる内容を心掛けたつもりである。特に４層８水準の発達段階をどう読み取るか、子どもの姿が重ねられるよう新たな視点も含めて再整理した。

　発達段階を把握し、その上で個々の育ちの方向性、可能性を見据えて支援を組み立てる──この「実態把握と見立て」のプロセスが、実践の基盤となる専門性にほかならない。あくまでも、基本は「子どもを見る眼・発達を整理する視点」である。大人にとって困る・わかりにくい行動の背景をどう理解するか、できない・やろうとしない姿の根底にある発達のつまずきをどう捉えるかにより、同じ子どもの同じ場面を見ていても、全く異なるかかわりになる可能性がある。彼らの学びにくさの本質がどう見えているかで、指導法は大きく変わるかもしれない。結果として、子どもの育ちや自己像の拡がりも変わり得るであろう。

　理論を学ぶことは、難解複雑なことではなく、むしろ理論があることで「子どもの姿が見えやすくなり、説明が可能になり、見通しをもって対応できるようになる」ことを実感できるようにしたいと考えている。

池畑　美恵子

目　次

第3部
感覚と運動の高次化からみた
臨床実践の展開

第 1 部

感覚と運動の高次化理論の基本理念

本書は、3部構成となっている。第Ⅰ部では、感覚と運動の高次化理論の基本理念について、理論の出発点と発達的視点での子ども理解の柱となる枠組みを整理する。

　臨床の現場では、子どもの指導に直結する具体的な実態把握の視点や指導法を知りたいというニーズが高いことは十分に承知している。そのようなニーズに応えるべく感覚と運動の高次化チェックリストや多数の教材教具と教授法の開発が長年続けられてきたわけであるが、一方で宇佐川はそれだけがハウツーとして独り歩きをする危惧を抱いていたことも事実である。発達支援や教育の現場が極めて多忙で、受け入れる子どもの多様化も著しい中、導入として簡便かつ活用可能な指導法や教材の情報は必要ではあるものの、本質的には発達のつまずきとは何か、つまずきを示す子どもの育ちとは何かを問う姿勢が理論の中核にあることをおさえていきたい。

第 **1** 章

感覚と運動の高次化理論の成り立ち

1 感覚と運動の高次化理論の出発点と基本理念

　感覚と運動の高次化理論は、1972年から取り組まれてきた淑徳大学発達臨床研究センター（旧カウンセリング・センター）での治療教育活動から発展したものである。淑徳大学の学祖である長谷川良信学長の大学構想にもとづき、昭和40年（1965年）の開学時に開設された「児童相談所」がその前身である。大学建学の精神である「Together with him」を具体化し、当時は少なかった地域の障害児およびその保護者への支援の場として役割を果たし、その実践が障害児理解と支援に関する理論構築に繋がった。

　1972年に現在の臨床システムの原型となる臨床体制に変更し、最重度の遅れをもつ子どもから、軽度・境界域の子どもまで障害の軽重を問わず受け入れ、1人の子どもに対して平均2年半、週3日5セッションという密度の濃い治療教育活動が行なわれてきた。1972年以降48年間の中で、300名を超す障害児乳幼児の詳細な縦断的発達経過の分析から「感覚と運動の高次化と自我発達ステージ」が提起され、その後幾度となく修正を繰り返しながら、1998年に『障害児の発達臨床とその課題――感覚と運動の高次化の視点から』が完成している。感覚と運動の高次化理論にもとづいて子どもの詳細な発達診断を行ないながら、個別ならびに集団の治療教育活動を提供するという臨床体制は継承され、現在に至っている。

　感覚と運動の高次化理論は、健常児の発達をもとにした一般的な発達理論とは異なり、発達につまずきのある子どもの発達過程の詳細な分析から構築された理論である。つまずかない健常児の発達過程ではなく、つまずきを示す障害児の発達過程にこそ〝発達の節〟が見え、ひいては人間の発達とは何か、いかにして人は歩き、手を使い、ことばを獲得していくのかを理解する手がかりが内包されていると考えられている。

　また、障害児の示すさまざまな行動に対しても、発達的な意味を積極的、肯定的に捉え、その解釈を通して子ども理解の視点を深めるという一貫した基本理念のもとで、治療教育活動が展開されてきた。つまずきの発達的な意味を理解してかかわりをもつからこそ子どもは育つという確信が、感覚と運動の高次化理論の源流となっている。

　行動理解に加え、指導法についても、健常児の発達との対比や大人の常識的な価値観（生き生きとした楽しい活動で人間関係を育てるなど）で組み立てられる実践の在り方については、繰り返し議論の俎上に載せ、その問題点を指摘してきた。障害児支援は、定型発達の行動指標から安易に目標を立てるものではなく、できないことをできるようにさせる、問題行動を無条

件になくすといった単純な論法でも成り立たないことを強調し、一人ひとりの発達をどうおさえているか、子どもの発達段階や個人内差をふまえた指導課題の設定となっているかを常に問い続けることを求めてきた。そのため独自の評定スケールを用いたチェックリスト評価法の開発に力が注がれてきたほか、教材・教具も徹底して対象児らに適当なものを取捨選択し、障害児の発達過程に則した教材やアクティビティ開発が精力的に行なわれてきた。

2　障害児臨床で問われてきた視点

　感覚と運動の高次化理論の成り立ちを明らかにするには、当時の障害児学や教育実践のもつ方向性、あるいは価値観に対する問題提起を知ることにほかならない。宇佐川は、いくつかの著書の中で議論を展開しており、それらを総括すると、大きく3つの問いにまとめることができる。

（1）障害児の発達理解に対する疑問
　1つには、かつて障害児の発達研究は、健常児の発達過程との対比のもとで、どのように、いかに遅れているかを明らかにすることに主眼が置かれていた。その遅れのある側面を改善できるよう働きかけることが、治療的、教育的かかわりの主たる目的とされてきた。現在でいう定型発達の標準的な育ちに障害児の発達を重ねていくことで、実態を捉えようとしていたといえる。結果として重度の子どもほど、障害が重いという状態理解に留まり、大人にとって都合の悪い行動は、障害が原因であるとみなされたり、あるいは「親のしつけのせいにしてしまうという落とし穴」にはまっていた。かかる問題点に対し、感覚と高次化の理論では、障害児を理解する視点を遅滞の程度、大きさに置くのではなく、つまずきをもちながらもどう育っていくかのおさえを重要視したといえる。大人の常識的な価値観の中で望ましい行動を増やすのではなく、発達のつまずきをもつ意味を考え、その育ちを丁寧に追うことが理論の基盤にある。

（2）障害種別ごとに理解する分類法への疑問
　2つ目は、障害児学や障害児教育学における分類法への疑問である。伝統的に障害の理解は、①視覚障害（盲）、②聴覚障害（聾）、③知的障害、④運動障害（肢体不自由）、⑤情緒障害、⑥言語障害、⑦病虚弱、⑧重度重複障害の8つに分けられていることが多い。この8つの区分に応じて、その心理や指導法が示されてきた。しかしながら、実際には障害のある子どもは8つの区分のみでカテゴライズできる子どもはほとんどいない。肢体不自由児や視覚障害児に、知的障害を伴う場合は少なくないことは、特別支援学校の重複障害児在籍数にも表れている。また知的障害においても、主たる診断名は知的障害であっても状態像としては、言語障害や運動障害、情緒障害を併せもつ場合も多い。このような臨床的事実からみると、機能障害を単独で抽出し明確化する方法は、その生理や病理（病因）を知る上では必要であるが、実践上

の子ども理解とはかなり隔たりがあると言わざるを得ない。たとえ障害の重複という概念を用いたとしても、羅列的な障害の記述に留まり、臨床的視点としてのトータルな子ども理解にはなりにくい。人間の全体的な発達構造からみると、視覚や聴覚、知能、運動、情緒といった機能は本来絡み合っており、その過程におけるつまずきが障害児のさまざまな状態像を形成している。このような見方が、感覚と運動の高次化理論の発達理解の柱の1つとなっている。

（3）障害児の問題行動に対する見方への疑問

　3つ目は、問題行動の捉え方に対する疑問である。療育や教育の現場では、口に物を入れる行動や物を投げる行動、常同行動、パニック、強い拒否、多動などは多くの場合問題行動視される。なかには問題行動が多いことイコール重度障害児と考えられている場合すらあるが、大切なことは障害の重い子どもが、なぜ問題行動を多く示すのか、あるいはそのように見られがちなのかについて考えていくことにある（宇佐川，1989）。

　この点について、精神分析や対人関係論の立場では、親子関係や社会環境の歪みを基盤に解釈がなされたり、行動論の立場では問題行動を消去するための手続きの在り方が議論されてきた。もちろん問題行動が時に生活上、あるいは教育上極めて大きな課題になることも事実であり、早く消去するための介入が必要なこともある。また、ある種の問題行動には、発達のつまずきと重複して、対人的、環境的要因が複雑に絡み合っていることも否定できない。

　しかし、感覚と運動の高次化理論では、基本的に問題行動に含まれる発達的意味の理解や発達の一過程としてのおさえを極めて重視し、かかる観点での臨床事例検討も積み重ねられてきた。問題行動がむしろ発達の必然性であることを再確認することや、その背景にある発達のアンバランスを理解することが、問題行動理解の基本と考えてきた。問題行動の発達的意味を問う姿勢は、発達の意味性として強調されてきた概念の1つである。

　以上、3つの観点で障害児支援に対する問いを整理した。感覚と運動の高次化理論の原点は、「障害児を理解する『視点』の転換」への試みであったといえる。自明のこととして何ら疑問視されてこなかった子どもの捉え方や常識的な価値観に根差した実践方法が、はたして障害の重い初期段階の子どもたちにとって適切なものであったかどうかを問う姿勢が、理論を形作ったといえる。

　宇佐川の「常識的な子どもの見方では、いっこうに障害の重い子が育っていないとするならば、我々の方が視点を転換し、子どもの見方を柔軟にして拡げていく必要があるのではないか」という言葉に、理論の基本理念が表れているといえよう。

3　なぜ、感覚と運動か

（1）感覚と運動の高次化発達モデル

　宇佐川（1986）は早い段階から、感覚と運動の初期発達を中心に子どもの姿を捉えることを重視してきた。それは外界からの情報を何らかの感覚受容器によって受け止め、中枢神経系で処理し、必要に応じて表情や手の運動、身体の運動、あるいは発声を用いて運動表現するという情報処理モデルを柱にした考え方である。認知的な水準の違いによって、同一の刺激であったとしてもその受け止め方は異なり、運動表現の組み立て方も異なること、特にことばを獲得する前の段階の子どもたちとその節目を越えた子どもとでは、感覚と運動の使われ方には、大きな差がみられる点に着目している。障害のある子どもの場合、ことばの獲得にいたるまでの段階で大きくつまずいていることから、初期の感覚運動の育ちや物とのかかわりにおける手の使われ方に着目することが、その後の知的発達やことばの獲得の基盤になると考えている。

　筆者は、感覚受容と運動表出を障害児の発達理解の出発点に据えることは、2つの意味があったと考える。1つは、どれほど障害が重い子どもであっても、その発達を感覚と運動の育ちというモノサシで読み取ることができるようになった点である。「外界に興味を示さない」のではなく、「刺激の受容と運動表出がまだ繋がらない」と見ることで、重い子どもの"少し先の育ち"が見えてくるであろう。感覚と運動の高次化理論では、重度という表現は極力用いず、「初期段階」「初期発達」と呼ぶのも、発達プロセスの中で子どもを捉えようとするためである。

　もう1つは、一見高い水準に育っているように見える場合でも、感覚受容と運動表出という発達の出発点に立ち返ることで、そのアンバランスを捉えやすくなる点である。何らかの行動問題が大きくなっている事例も、その背景に感覚と運動の使われ方のアンバランスを抱えていることが少なくない。障害の軽重に区切って特性を整理するのではなく、一連の道筋に沿って障害児の発達を捉えようとしたことで、より臨床的利用価値を高めたと考えられる。

　図1は、感覚と運動の高次化理論の原型となった理論モデル図（宇佐川，1989に掲載）である。この図では、ヒフ（触覚）、身体、聴覚、視覚の順に育つと考えられる感覚刺激の受容と、運動や言語、情動表現といった表出系との統合に焦点が当てられている。初期段階では、感覚受容と運動表現が相反するか（バラバラ）、感覚が運動に追従・同調しているが、やがて感覚（特に耳や目）で運動を制御し、イメージや概念を形成しながら対物世界や対人世界とかかわる過程を図示している。

（2）感覚と運動の繋がりを示唆した初期事例

　第1項で述べたように、感覚と運動の繋がりを障害児の発達理解の中心に据えている点が本理論の独自性の1つである。感覚と運動の繋がりが、人間の初期発達においてどれほどの意味をもつものなのか、宇佐川が確信したという1人の臨床事例を紹介する（宇佐川，2006）。

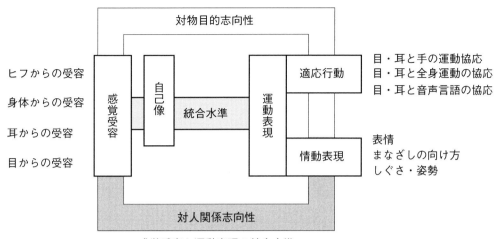

図1　感覚受容と運動表現の高次化（宇佐川，1989）

〈療育初期〉興味を示さず、反応を得られない

・物に対してあまり手がでない。仮に手が出たとしても物をつかんだままで、まだ離せない状態であった。

・机上に円盤を回す回転盤教材を出すも、回転を見ているかどうかがわからない、表情も変わらず手が出てこない。

〈1年後〉手で操作し、音で笑い、見て笑う

・回転盤教材に以前より積極的にかかわる。まず、教材を噛むという行為が芽生えた。まだ盤を回すことはできないが、つかんで押し上げたり、叩いたりするなど手が少し物の操作にかかわってきた。

・セラピストが盤を回転させるとその音を聞いて笑うようになる。聴覚系の感覚が使われ始めている。明らかに回転を見て笑う様子もあり、視覚の使われ方も変化し始めている。

〈2年後〉姿勢を保持し、目と手が繋がるようになる

・いよいよ自分で盤を回すようになる。姿勢を保持し、自分の手で操作しその変化を見て喜ぶようになる。

〈2年半後〉

・手の動きをコントロールしながら回すようになる。押さえながら回してわざと音を出し、喜ぶようになる。

　この事例の２年半の経過は、感覚と運動の高次化がいかに外界への向かい方を拡げていくかを示している。そもそもまったく興味がないということがどういう意味をもつのか、興味がないのではなく、視覚や聴覚がうまく使えなかったということが示されていよう。また、盤を回すという操作の成立過程には、姿勢を保持し目と手が繋がることで回せるようになり、自分の運動と音が出るという結果の因果関係理解が育ったことがわかる。この事実はつまり、子どもにとっていかに手を使うことが重要か、また物にかかわることによる細かな育ちの確かめが、支援においていかに重要かを示唆している。宇佐川（2006）は、それまでの対人関係やコミュニケーションの発達という視点に加えて、感覚と運動の高次化という視点に気づけたことが、その後の臨床展開の原動力になったという。

（３）感覚と運動の繋がりの段階的整理

　感覚と運動の関係を発達に応じてどのように整理していくか、基本的にはそこに５つの段階が想定されており、この段階設定が後の発達水準に反映された。“感覚と運動は本来繋がらない”この事実こそ、障害のある子どもの発達経過を詳細にみることで明らかになった視点であり、その繋がり方を細かくおさえた点に、理論の独自性が表れていると考えらえる。以下、５つの段階を整理する。

①感覚と運動が拮抗する時期

　感覚を使うと運動が起きにくくなり、運動を起こすと感覚が使われないというように、両者が拮抗する。音楽を聴くと動きを止める、手を動かすと目が使われにくくなる、目を使うと手が止まるなどである。

②感覚が運動に追従する時期

　バラバラであった感覚と運動が少し繋がり、どちらかというと運動が優位で感覚が後から追従する。まず手が動き、後から視線を向ける、打楽器を大きな運動で叩き、しばらくしてから音の変化に気づくなどである。

③感覚と運動が一緒に使われ始める時期

　感覚の中でも目や耳と運動が少しずつ一緒に使われるようになっていく。人や物にかかわる上で、目や耳の役割は大きく、障害のある子どもはこの時期が初期の発達の基盤であり、比較的長い。

④感覚が運動を制御する時期

　目や耳で運動をコントロールしながら行動を展開し、その結果を再び目や耳で確かめるという回路がしっかりする。「感覚と運動が協応する」とは、この時期からの発達を指し、外界への調整的なかかわりが可能になり始める。

⑤表象機能を中心とした外界処理の時期

　感覚と運動の繋がりが高次化した姿として、頭の中にイメージが育ち、イメージやことばで

外界の情報を処理できるようになる。前段階からみると発達の重要な転換点であり、状況全体を読み取ったり、ことばや会話を理解して外界に向かうことができるようになる。

　このように感覚と運動がよりしっかりと繋がり、表象機能を獲得する過程こそが、発達につまずきのある子どもの育ちを捉える上で重要な視点であると考えられている。

文献

宇佐川浩（1986）感覚と運動の初期発達と療育—目と手の発達指導を中心として—．全国心身障害児福祉財団．

宇佐川浩（1989）感覚と運動の高次化と自我発達—障害児臨床における子どもの理解—．全国心身障害児福祉財団．

宇佐川浩（1998）障害児の発達臨床とその課題—感覚と運動の高次化の視点から—．学苑社．

宇佐川浩（2006）認知発達臨床の基礎を考える．発達臨床研究，24，3-24．

感覚と運動の高次化理論における
発達臨床的視点

　第1章では、感覚と運動の高次化理論の成り立ちと展開を述べた。子どもの発達の何を読み取るか、どこに障害のある子どもの発達の基盤を見出すかを吟味し、導き出された回答が〈感覚と運動の使われ方、繋がり方〉でありその質的変容としての〈高次化〉であった。障害児の理解がつまるところ、発達の遅れや問題の強調に留まり、発達のプロセスや原則の理解には十分目が向けられていなかった動向に対して、特に障害が重いとされる子どもたちが「どのような原則をもって外界に立ち向かおうとしているのか（宇佐川，1989）」という観点から丁寧に子どもの行動の意味や発達を捉えることで、独自の発達ステージと教材・教具、アセスメント指標を展開してきたといえる。

　第2章では、子どもの行動をいかなる観点から理解するか、感覚と運動の高次化理論の基盤にある発達臨床的視点（枠組み）について、発達の構造性、発達の全体性、発達の意味性の観点から整理する。

　特別支援教育や療育は、本来、一人ひとりの発達に応えようとする中で、その役割や指導が展開されてきた。しかしながら、障害児の発達そのものが非常に多様である上、指導法・指導理念も多様化している現在、肝心の個々の発達をどう捉えているのかは、実践において必ずしも明確ではない。行動特性、障害特性の理解に偏っていたり、心理検査や知能検査の結果の把握にとどまり、個々のつまずきのメカニズムや育ちのプロセスの理解には至りにくい現状もある。「子どもの育ちを知る」という本来的な意味で発達的視点を確立するには、何らかの柱となる見方をもつ必要がある。

1 発達臨床的視点の３つの枠組み

　障害のある子どもの教育的かかわりや療育支援には、さまざまな専門的知識や技術が求められるが、最も重要な専門性を端的に集約すると、その基本は2つの命題にまとめることができる。すなわち、〈子どもを深く理解すること〉と〈実践を整理し、工夫すること〉である。障害のある子どもの抱える困難や可能性は一人ひとり違うため、一人ひとりの育ちを理解すること、その過程で実践に工夫や創造が生まれ、さらに実践を通して子どもの理解が深まるという循環の中に、障害児支援の専門性が確立するといえる。決して完成した、定式化した指導法や課題設定があるのではなく、子ども理解を通して指導法や課題設定が吟味され、整理されていくことが本来の専門性であるといえる。

　〈子どもを理解すること〉は、障害児の支援に限ることではなく子育てや保育の営みにも共通する基本原理である。しかし、障害のある子どもの場合、その基本こそ多角的な観点から整理しなければ、子ども理解が単なる現状把握に終わりかねない可能性がある。目の前の行動の発達的背景や少し先の育ちを見通すことができないならば、指導者の目は子どもの課題やできなさばかりに向けられ、つまずきの背景をどう理解するかより〈差し当たりどうするか、何をさせるか〉など、現状対処型の指導におちいるであろう。発達理解と実際の支援を結びつけ、支援からさらに発達理解を深める——このプロセスをたどる上では、いかなる枠組みで子どもを理解しようとするのか、発達臨床的視点を整理する必要がある。

（1）発達の構造性——タテの伸びとヨコの拡がり

　発達の構造性とは、子どもが外界を認識し、外界に向かう過程には一定の構造（メカニズム）があり、その構造の変化を節目に子どもの姿は質的に大きく変容すると考える視点である。教えたことが一つひとつ定着することも子どもの成長であり変化ではあるが、その一つひとつの定着を通して外界理解の在り方（構造）が大きく変わることが質的変容である。

　宇佐川（1989）は、発達を直線的・連続的上昇過程ではなく、螺旋的・構造的上昇過程と捉え、発達のタテの系とヨコの系が螺旋状に絡み合いながら推移する過程で、発達の構造が大きく変わりうるとした。できることを増やすための発達支援ではなく、子どもが今いる発達段階をヨコにふくらませる、今できていることがほかの力と有機的な連関をもてるよう拡げる——かかる観点での発達支援を目指している。ヨコへの拡がりが、結果的に発達の大きな変化であるタテへの育ちをもたらすという発達の構造性を仮定した働きかけである。

　発達をヨコに拡げる支援の在り方として、1つ例を出してみたい。例えば数の学習指導で3までの数を理解した子どもに、次のステップとして5までの指導を目標とすることは、ある子どもにとっては順当であると考えられるが、ある子どもにとっては3から5は大きな飛躍であり、壁となる可能性もある。後者の場合、5までの学習を繰り返すよりは、3までの世界を十分知り、数の概念を活用できる力に拡げていくなかで「適度な内的葛藤や矛盾（宇佐川, 1998）」が生じた結果、タテの系の発達がもたらされると考える。数学習の例でみれば、子どもが獲得した3の世界では説明できない事態に触れることが、適度な内的葛藤といえるのではないだろうか。

　発達支援とは、子どもに適度な内的葛藤や矛盾をどう提供するかが問われており、至れり尽くせりのわかりやすい指導ばかりでも、あるいは逆に難しすぎるばかりでも、本質的な変容は困難であろう。数指導を例に挙げたが、学習指導場面に限らず子どもの発達支援は、基本的にヨコへの拡がりを豊かにするという視点の変換が求められる。

　障害児支援の実践現場では、時に子どもの実態に合っていない、すなわち発達の構造的変化を待たなければ獲得しえない目標が設定されていることがある。例えば、単語が出始めた子どもの指導目標が「二語文の表出」となるのは、あまりにも直線的、連続的な捉え方である。単

表1　感覚と運動の高次化発達水準

発達の層		水準
発達の基盤	I層 初期感覚の世界	感覚入力水準
		感覚運動水準
		知覚運動水準
	II層 知覚の世界	パターン知覚水準
		対応知覚水準
発達の拡がり	III層 象徴化の世界	象徴化水準
	IV層 概念化の世界	概念化1水準
		概念化2水準

語の世界と二語文の世界とでは認識の構造が質的に異なる点をふまえ、その質的変化を越えていくためのヨコの拡がり、あるいは適度な内的矛盾の発生を丁寧に考えていく必要があろう。

　さて、発達の構造性を実践的に理解する上では、おおよその質的転換点、すなわち発達段階の区切りをおさえる必要がある。感覚と運動の高次化理論では、主に認知発達の構造的変化を区切りとして、4層8水準の発達段階を設け、各層・水準の臨床像と支援の在り方を示している。各層・水準の詳細は第2部で述べるが、それに先立ち4層8水準の構造を**表1**に示す。4つの層は初期感覚、知覚、象徴化、概念化として区分している。実際には層の前後で重なりあう部分もあるが、発達の質的変化を捉えようとすると、おおよそこのような区切りを示すことができる。

（2）発達の全体性――知恵の発達と自己像発達の絡み合いの重視

　次に、発達の全体性からみた子ども理解である。発達の全体性とは、ある行動系の獲得・発達とほかの行動系の発達との絡み合いに着目することで、人としての実像に迫り得るとする見方である。感覚と運動の高次化理論では、特に「能力の獲得と人格発達とのからみあい（宇佐川，1989）」「認知能力（知恵）と対人関係（自己像）（宇佐川，1998）」を重視しており、この2つの側面から子どもの発達を捉えることが、人としての全体性を理解する糸口になると考えられてきた。つまり、子どもの発達は、対人的かかわりと対物的かかわりが絡み合うという発想が基本にある。

　例えば、初期段階の子どもは感覚刺激の受容が育つことで、人との二項的な遊びを受け入れる力がつき、人を意識した情動表現が育つこと。視覚や聴覚が使われるようになることで、外界への能動性、意図性が高まり、付随して初期的な対人関係のもと自己表現、自己調整が促されること。象徴機能の形成を通して、他者との共有世界に足がかりをつかみ始めること。ここ

に挙げたのは例であるが、認知能力と対人関係、あるいは対物的かかわりと対人的かかわりが絡み合って育つことを、それぞれの発達段階に沿って示したことが、感覚と運動の高次化理論を特徴づけている。

　発達の全体性を整理する枠組みとして、宇佐川による領域モデルと、滝川（2004）による精神発達の2つの基本軸を手がかりに**図2**をまとめた。子どもは「認識の発達」を通して世界をより深く広く、意味を介して知っていく。"あることができる、わかるようになる"という姿は、認識の発達として説明がつきやすい姿である。しかし、実際には子どもの発達は"できる、わかる"だけではなく、既にこの世界の意味を捉えている大人との密接な交流を通して成り立つ「関係の発達」があって、初めてしかるべき発達が可能になるという特徴をもっている。滝川は「関係の発達」が「認識の発達」を支え、「認識の発達」が「関係の発達」を支えるという2つの基本軸を基盤に子どもの精神発達を見ている。

　ここからさらに視点を拡げれば、他者と深くかかわり、外の世界を理解する中で、最終的につくり上げていくものは、自分というもの、すなわち自己像であろう。また、この自己像の最も基盤に位置するものが、身体であり姿勢であることもおさえておかなければならない。自己の身体・姿勢が外界の事物や他者とのかかわりの接点であり、そこから関係の発達や認識の発達が押し拡げられ、自己像を確立していく過程を、発達の全体性として理解したい。

　なお、ここでいう発達の全体性とは、認知や言語、運動、コミュニケーション、情緒といった諸領域を網羅的に把握し、その情報をもって子どもを理解しようとするものとは本質的に異なるものである。なぜなら、諸領域の把握が単にできたか・できないかの評価、あるいは発達年齢の明示に留まっている限り、それらは部分としての子ども理解にほかならない。発達の全体性を読み取る上で重要なことは、各領域の評価をいかに目の前の子どもの立体的な理解に結びつけ、"総じてこの子どもの支援課題は何か"子どもの発達の本質を読み取ることである。例えば「ある課題が達成できるようになった（認知）」「少しずつ長く座って参加できる場面が増えた（身体・姿勢）」「パニックになっても以前より早く切り替えられるようになってきた（情緒）」などの変化は、どのように考察できるだろうか。これらの変化は、それぞれ単独の変化というよりも、全てが絡み合っている可能性がある。子どものつまずきを理解する際も同様である。ある課題が達成しにくい、ある場面に参加できないのは認知の問題なのか、身体・姿

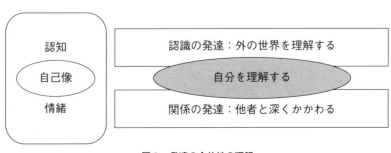

図2　発達の全体性の理解

勢の問題なのか、自己像の問題なのか、これらの相互関連性なのかといった観点から検討され
なければならないであろう。

　このように考えると、例えば自閉スペクトラム症児の指導において対人関係や社会性を担う
コアな能力に焦点化した指導は、発達の全体性という観点からみるといささか不十分であると
言わざるを得ない。肢体不自由児の指導で、身体の動きや手の動きばかりに重点が置かれるこ
とも、同様の問題をはらむ可能性がある。

　認知と自己像、情緒、身体・姿勢、これら4つの発達軸の相互関連性の中で子どもは育つと
いう前提、確信が感覚と運動の高次化理論の基軸と考えられる。「2　調和のとれた育ちを支え
る4つの発達軸」において、この4つの発達軸の基本概念を述べる。

（3）発達の意味性と可能性

　発達の意味性とは、子どもの示す行動の発達的意味や背景を考える視点である。障害のある
子どもが示すさまざまな行動は、見方を整理しなければ障害特有のマイナスな行動として理解
されやすい。マイナスな評価はせずとも、一つひとつの行動が「指導の対象」に意味づけられ
る傾向はある。例えば学習教材を投げた、自席から離れたなどの場面で、投げないことや拾う
こと、自席に戻ることに指導者の目が向かいやすくなる。もちろんその都度の対応法の検討も
必要であるが、対応法と同時にそれらの行動の発達的背景が指導者にどう見えているかで実践
の方向性は大きく変わる。マイナスに見える行動は、むしろ指導者が子どもの困難さや葛藤を
学ぶ機会としたい。

　障害の重い子どもの示す一見わかりにくい行動や、常同行動、自傷行動なども、当人にとっ
ては原則をもって外界とかかわろうとする姿であったり、発達の一過程として理解できること
も多い。

　発達の意味性を示唆する1つのエピソードを紹介する。

　いつも身体を揺らし首を振っているfくんに、リングベルを持たせて、音楽に合わせよ
うと試みる。リングベルは持ってくれるのだが、伴奏の音楽が鳴り始めると目を端に寄
せ、自己刺激的な動きを一切止めて、まったく振ることはない。教師は無理に腕をとって
振るが、自発的な動きはみられない。曲が終わって音楽が鳴り止むと、不思議なことにリ
ングベルを鳴らしはじめる。じきに投げて、再び自己刺激的行動に入る。

　　　　　　　　　　　　　　　　　　　　　　　　　　　　宇佐川（2007）p.30より抜粋

　この事例は、教師の見方とfくんの外界とのかかわりの原則に根本的な相違があることを物
語っている。すなわち、教師はfくんが音楽に興味を示さない、腕を介助して一緒に鳴らせば
楽しめ、きっと参加するだろうという常識的な仮説をもっていたと考えられる。一方fくん
は、音楽が始まると自己刺激を止め、目を端に寄せ動きを止め、音のない世界になるとリング

ベルを振り始めるがじきに終わり、再び自己刺激行動が始まる。この姿からは、f くんは動きを止めている間にこそ音・音楽を真剣に受容していると読み取ることができる。リングベルを振らないのは、興味がない、参加していないのではなく、発達の姿として音の受容と運動操作が同時に成立しないと理解できる。

　教師がリングベルを持たせて振らせることは何気ない介助である。しかし、そうしたかかわりの中に障害の重い子どもの意味ある行動やサインが埋没していきやすい。従って仮説的ではあっても、可能な限り場面の文脈や発達過程に沿って、子どもの行動を意味づける姿勢が求められている。

　宇佐川（2007）は、発達の意味性を探る方法として①発達的文脈、②空間的文脈、③時系列の文脈の３つの視点を提起し、その関連を図示している（**図 3**）。

　発達的文脈とは、子どもの行動を発達のプロセスや発達段階と照らして理解することである。例えば、常同行動はかつて学習阻害要因とみなされていたが、一見価値がないとみられがちなこの行動も、発達の一過程として出現し、対象児の外界とのかかわり方とそれを規定する発達との関連で現れ方や特徴が異なることが明らかとなっている（池畑，1999，2007）。

　空間的文脈は、セラピストと子どもの位置関係や、環境の整理といった、空間的・状況的な理解が中心となる。どういった場所や場面なのか、誰がどのような位置にいるのか、そこでのかかわりの内容や使用された教材・教具の特徴から、行動の背景を推察することである。

　時系列の文脈とは、ある状況下で子どもやセラピスト、あるいは周囲の環境が時々刻々相互的に変改しながら動いていく時間的な流れに沿って、文脈的に理解しようとすることである。この３つの文脈で捉えていくことが、行動の発達的意味理解を可能にすると考えられる。

　例えば、ある幼児 A が大好きなままごと遊びをなかなか切り上げられず、最後には半ばパニックになるほど混乱するという状況を想定してみよう。①発達的文脈では、遊びを終えるという場面での切り替えが困難であることや、次の場面展開の見通しがもてていない、A の遊びのルーティンへのこだわりなど、認知的な固さの表れとして理解できるかもしれない。あるいは、表現手段が乏しいといったコミュニケーションの課題を背景に想定することもできる。

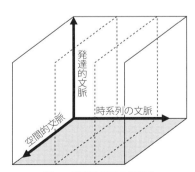

図 3　発達的意味の探り方
出典：宇佐川浩（2007）障害児の発達臨床Ⅰ　感覚と運動の高次化からみた子ども理解. 学苑社.

しかし、②空間的文脈も視野に入れてみると、ままごと玩具が多数用意してあり、Aにとっては魅力的な空間が用意されていることや、遊びを終えるという指示の伝達が音声言語のみで、視覚的な手がかりに乏しいといった課題も見えてくるかもしれない。さらに③時系列の文脈でみると、そもそもままごと遊びの前の段階から、セラピストがイニシアチブをとることが少なく、Aの要求のままにセッションが展開してきた時間経過が想定されるかもしれない。つまり、関係性の誤学習という背景が見える場合である。あるいは、遊びの切り上げを焦るあまり、セラピストがAのサインを見落としていたり、Aの遊びたい気持ちを共感できないまま、半ば強引に終了を宣言したということも考えられる。

　このように発達的文脈、空間的文脈、時系列の文脈という3つの観点で行動を整理してみると、Aの行動は単なる“障害特性・こだわり”ではなく、働きかけや場面の文脈の中で変わりうるものとして考えることもできよう。指導者がこのような視点と姿勢をもってかかわることで、問題とされる行動に対しても新たな意味や背景を了解していくことが可能になると考えられる。

2　調和のとれた育ちを支える4つの発達軸

　感覚と運動の高次化理論では、子どもの調和のとれた育ちには知恵（認知）、自己像（関係性）、情緒、姿勢・運動の4つの発達軸の理解が必要であると考えている。先に述べた発達の全体性の観点である。特に障害が重いといわれる子どもは、目に見えるつまずきや問題行動に焦点が当たるか、あるいは生活上のスキル獲得を目指した指導になりやすいが、外界を捉える知恵の育ちと情緒の安定や対人関係の発達が深く関連し合っていることをおさえていく必要がある。

　本節では、4つの発達軸の基本概念を整理したい。

（1）知恵を捉える視点

　障害のある子どもの発達過程で最も中核的なつまずきは何か、障害種にかかわらず捉えていくと、1つの答えとして認知発達のつまずきをあげることができる。認知とは、心理学では人間が外界にある対象を知覚し、それが何であるかを判断し解釈する過程を指している。認知発達が中核的なつまずきであるにもかかわらず、教育や支援の場で障害児の認知の「特徴」はみえるが、発達の「プロセス」は十分理解されていない。心理検査で知的機能やそのアンバランスを横断的に読み取ることは可能であるが、さまざまな発達段階の子どもを説明しうるプロセスとしての理解は希薄であった。身辺の自立や運動・身体づくり、社会性や対人関係、社会的自立に向けた諸活動や指導に比べ、障害の中核にある知的機能、認知発達そのものを中軸に据えた教育や療育の展開は低調であったと言わざるを得ない。知的障害の「知的」の部分の育て方がなぜ深く議論されてこなかったのか（宇佐川，1998）、この問いは現在にも通ずる指摘で

あろう。

　その答えとして、認知発達に含まれる範囲がいわゆる心理検査などで測定されるレベルの認知や、教育的には文字や数の学習に焦点化されやすい傾向を指摘できる。象徴機能の獲得前の発達段階にある、いわゆる知的障害が重いと呼ばれる子どもたちの認知発達を捉える視点や方法が未整理であるといえよう。

　宇佐川（1995）は、文字や数といった狭い意味での認知発達にとどめず、前庭・固有・触覚優位の世界からみわける・ききとるといった視知覚、聴知覚の発達に向かう初期段階の課題も含め「知恵」という表現を用いてその役割を論じている。発達の初期段階から順を追って知恵の育ちを考えるならば、知恵は知能指数や読み書き能力に限定するものではなく、広く外界を理解し自己世界を拡げていくための感覚的、運動的、知的活動と定義できる（**図 4**）。

　知恵の発達により外界がわかり、既知の世界・体験が増え、拡がることは、人間の生活世界において極めて重要な役割を果たしている。障害児の発達においても知恵がどれほど重要であり、物や人に積極的にかかわる力になるかは多くの事例で実証されてきた（宇佐川，1998）。

　したがって知恵の発達を抜きに実態を把握したり、教育的支援を考えたりすることは本質的に困難である。子どもが環境や人をどのように認識しているのか、この点を指導の基点に据えない限り、あらゆる支援・指導が指導者の満足に終わりかねない。繰り返しが重視される日常生活の指導においても、「配膳」と同時に「1 対 1 対応」が指導者の目に見えていなければならないのである（浦﨑，2015）。同様に、身支度には「始点－終点」が、着替えには「目と手の協応」があり、それらを育てる視点も必要とされる。

　発達の全体性を重視する観点からみると、知恵の発達は対人関係や情緒、姿勢・運動の発達にも影響を与える。特に、障害が重いとされる子どもが、自らの身体感覚に気づき、受容域を

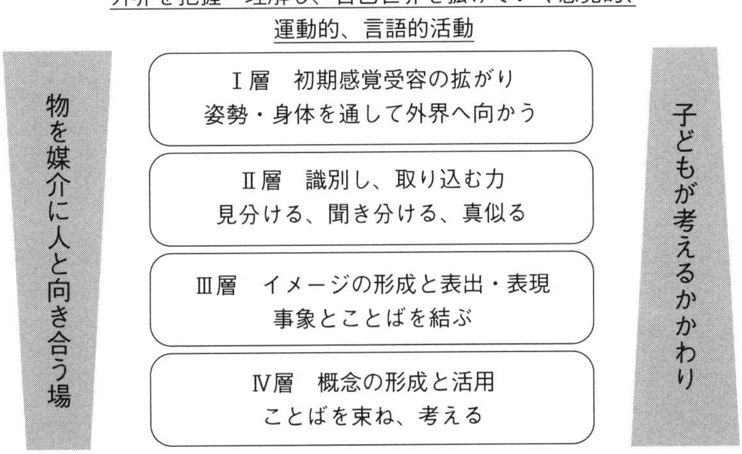

知恵の発達とは

外界を把握・理解し、自己世界を拡げていく感覚的、
運動的、言語的活動

物を媒介に人と向き合う場

Ⅰ層　初期感覚受容の拡がり
姿勢・身体を通して外界へ向かう

Ⅱ層　識別し、取り込む力
見分ける、聞き分ける、真似る

Ⅲ層　イメージの形成と表出・表現
事象とことばを結ぶ

Ⅳ層　概念の形成と活用
ことばを束ね、考える

子どもが考えるかかわり

図 4　知恵の発達を捉える視点

拡げ、やがて目や耳を使い運動を起こすことで、意図的な外界操作が生まれる発達初期段階での知恵の役割を強調したい。

　また、前言語機能の拡がりから象徴遊びやことばの発達に向かう過程での知恵のおさえ、さらにはことば・数を概念として束ねていく過程における知恵の役割も議論の余地が残されているであろう。

（2）自己像を捉える視点

　次に、知恵の発達と相互連関的な関係にある自己像の発達についてみていきたい。知恵が外界の把握と意味づけであるとすると、自己像とは自己の把握と意味づけを指す。「自己に関する気づきやイメージ、情報のまとまり」であり、どのステージにおいても子どものトータルな育ちを支える重要な概念である。

　自己像は基本的に、子どもが外界や他者との何らかの相互作用を重ねていく中で、形成され得るものである。受動的か、主体的かは別にして、子どもはあらゆる相互作用の中でしか、自己を確立しえない。私たちがもつ「自分とはこういう人間だ」という何らかの自己イメージも、社会的場面や他者との関係性において自覚したり、意味づけられてきたものといえよう。

　自己像が環境や他者との相互作用から成り立つ——この見方を裏返せば、環境や他者と安定した関係を築いていくためには、その主体となる自己の安定、自己の確立が不可欠であることを意味する。とりわけ自己−他者の相互作用が前提となる対人関係については、決して他者への関心それだけが 1 つの能力として育つわけではない。対人関係を育てるために、とにかくかかわりを増やす、集団を経験させるといった、与える方向での支援ではなく、子どもが感覚的、知覚的体験の中でどう自己に気づくか、あるいは自己を表出し、自己を調整していくか、その蓄積の中で初めて対人関係の基盤が形成されるといえよう。

　宇佐川（1998）は、自己像の発達を「外界を視知覚、聴知覚ひいては象徴機能や概念によって明確に認識しながら、外界との係わりの中で自己自身に気づきつつ、自己の身体像を通して、自己の行動と運動を調節していく過程」と定義した。この定義には、2 つのポイントがある。1 つ目は、「外界を視知覚、聴知覚ひいては象徴機能や概念によって明確に認識しながら」とあるように、視知覚や聴知覚を出発点とする知恵の発達を自己像発達と結び付けている点である。すなわち、知的に障害のある子どもの自己像の形成には、単に人間関係を発展させ社会性を伸ばすことで、自我が発達していくという一般的な心理学的概念を当てはめるだけでは難しく、人間関係を大切に育むと同時に、物とのかかわりを育てていく工夫が、結局は人とのかかわりを育て、自我を育てていく大きな要因として位置づけていることがわかる（宇佐川, 1992）。

　2 つ目に、「自己自身に気づきつつ、自己の身体像を通して、自己の行動と運動を調整していく」とあるように、感覚・身体を軸に形成される自己像を想定している点である。つまり、感覚・身体を軸に、行動や運動を調整する〈からだ〉としての自己像と、人とのかかわりの中

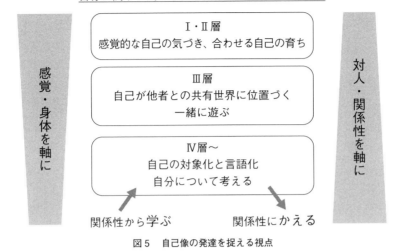

図5　自己像の発達を捉える視点

で気づく〈わたし〉としての自己像の2つが想定される。前者が感覚−運動の育ちと密接に関連し、後者は象徴機能や概念形成の過程と関連する（**図5**）。

〈からだ〉としての自己像は、「外界に関わる主体としての自己（冨澤, 2015）」である。

一方、〈わたし〉としての自己像は、ことばを介して他者とかかわる中で「意味づけられた自己像（冨澤, 2015）」であり、獲得するというより関係性から学ぶもの、そしていずれ関係性にかえるものである。

定型発達では、第一次反抗期にみるように〈わたし〉の育ちが前面に押し出され、その中で自我を確立していくが、発達につまずきのある子どもは、〈からだ〉としての自己像が極めて不確かであったり、そこに不具合を抱え続けていたりすることがある。対人関係に表れる〈わたし〉の揺らぎは、感覚・身体を軸にした〈からだ〉の揺らぎと切り離せない問題であると考えていきたい。

（3）情緒を捉える視点

情緒発達も、障害のある子どもの支援では欠かせないテーマである。情緒が安定しているか否かは、子どもの学習機会や吸収力を左右するだけではなく、対人経験の質と内容にも影響する。また、強い拒否やパニックといった情緒問題は、当然のことながら家庭生活や社会的予後にも影響を与えうるものであり、慎重な対応が求められる。

ところが、情緒不安をめぐる対応は、しばしば対処療法的な発想に陥りがちで、発達的な背景の分析や長期的な見通しが整理されていない場合がある。子どもの気持ちを受け止め、好きなことをたくさんさせて楽しく過ごすといったかかわり方の一方で、厳しく対応することが前面に出て、指導というよりしつけのレベルで行動修正を迫るなど、方針もさまざまである。

25

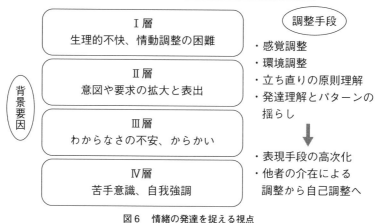

情緒の発達とは
知恵や自己像発達に伴う情動発達や心的表現

| Ⅰ層
生理的不快、情動調整の困難 |
| Ⅱ層
意図や要求の拡大と表出 |
| Ⅲ層
わからなさの不安、からかい |
| Ⅳ層
苦手意識、自我強調 |

背景要因

調整手段
・感覚調整
・環境調整
・立ち直りの原則理解
・発達理解とパターンの
　揺らし

・表現手段の高次化
・他者の介在による
　調整から自己調整へ

図6　情緒の発達を捉える視点

障害特性としてラベリングすることにとどまる場合も少なくない。ケース検討などで、もっぱら「行動上の問題」として描写され、「情緒発達のつまずき」としては捉えられていないことも、情緒の捉えの難しさを示しているといえよう。

　感覚と運動の高次化理論では、情緒の発達も知恵や自己像の育ちと関連づけている。情緒の安定−不安定の揺れ動きの背景やその調整手段の変容は、知恵や自己像の発達と絡み合っており、発達段階を関連づけて理解したい（**図6**）。

　Ⅰ層の初期段階では、生理的な快・不快はあっても拒否がほとんど見られない段階があり、知恵の育ちとともに外界への好き嫌いが発達し、嫌いなものは明確に拒否をするようになる場合がある。生理的不安定さから、選択的拒否への発達である。Ⅱ層では、選択的拒否に加えて外界のわかりにくさや伝達手段の乏しさが重なりパターン的な行動が増えたり、情緒が一層不安定になることもある。知恵や自己像の育ちとともに人への関心が増すと、人をからかうために拒否をするなどその様相も変わる。あるいは自己主張や自我強調の拒否と呼ばれるような他者と明確に対峙した自己の育ちに伴う拒否が育つ場合もある。このように拒否１つをとってみても、そこにどういった自己の関与があるか、発達的な意味の違いをおさえる必要がある。

　情緒の安定や拒否の調整も、発達初期は刺激を整理するなど環境調整を図り、個々の立ち直りの原則を見出しながら、時に向き合い、パターンを揺らすなど介入の在り方を探る。ことばが育ち、情緒の揺れが他者に向けられ、やりとりの場の中に表れてくるようになれば、不安や拒否そのものの解決だけではなく、それらの表現手段をどう適応的なものに育て、自己調整を高めていくか、指導の焦点は変わるであろう。

　情緒の安定を支える要因は、**表2**に示すように環境要因、対人要因、発達要因が関与していると考えられる。

表2　情緒の安定を支える要因

・感覚の過敏性や生理的混乱への配慮と対応
・他者と合わせることの面白さの育ち
・場面理解や見通しといった認知の育ち
・実用的なコミュニケーション手段の獲得
・自我の育ちに伴う抵抗への発達的理解

（４）姿勢・運動を捉える視点

　感覚と運動の高次化理論では、姿勢・運動の発達も、粗大運動や微細運動という運動領域の枠組みだけではなく、表出系の発達として知恵や自己像、情緒の発達と関連づけて捉えている。座位や歩行獲得といった運動能力の向上や機能分化の観点からの評価にとどまらず、表出系という枠組みで、以下の点を重視している。

①知恵や自己像の発達に運動発達も大きく影響される

　例えば初期段階では、座る、這う、歩くといった粗大運動の獲得と、始点・終点や因果関係理解、目と手の使われ方など初期の知恵の発達を関連づけてみていくことで事例理解が深まることは少なくない。もちろん筋緊張や姿勢バランスといった運動学的な側面からの整理も必要であるが、見たいものが見えるようになったからこそ座る、手に取りたい物の世界が鮮明になってきたことで目と手を使って接近するなど、外界に志向的に向かうための知恵の発達が果たす役割は大きい。運動・操作を通して外界に働きかけることで、自己の姿勢や身体に気づいていくという点では自己像の発達にもかかわるであろう。

②外界に向かい働きかけるという志向的運動と、外界に合わせてうまくコントロールする調節的運動の双方を運動発達としておさえる

　ある運動を獲得した後も、それらがより意図的に、かつ調節的に使われていくプロセスを重視している。目で見て動く、耳で聴きながら動くなど、視知覚や聴知覚と運動の協応や、目で見て／耳で聴いて止める・止まるといった視覚・聴覚による運動の調節も、知恵の発達との絡み合いで育っていくと考えられている。サーキット活動も、遊具に合わせて姿勢を変換し、運動を調節するという自己像や知恵の発達との絡み合いとして捉えることができる。

③姿勢・運動の発達は、情動表現の発達とも繋がる

　表出系という枠組みで運動発達をみていくと、運動を起こして外界へ向かおうとする姿勢や、泣き・笑い・発声・発語といったわれわれが情動表現と感じる表出行動も、外界や人の認識が高まり、さまざまな情動が喚起されるようになったという点で知恵や自己像、情緒の発達とともに拡大していくと考える。

　表情の変化が乏しく、人に向けた情動表現がほとんど見られないか、不快からくる泣きが中心であるような子どもも、姿勢を整え固有感覚や触覚、聴覚に伝わる教具で遊ぶことで、手や目が瞬間的にでも使われるようになり、しだいに表情の緩みや変化、柔らかな発声の表出など情動表現がわかりやすくなっていくことが多い。運動がより意図的になり、好き嫌いも明確になる段階では、焦点づけられた怒りや喜びが表出されるようになる。他者との関係性が一層安定する段階では、からかいやふざけにみる、より豊かな情動表現が育つと考えられる。

④関係性の中での身体・姿勢の作られ方や構えとしての心理的姿勢への着目

　「心の状態が姿勢を作り、姿勢が心を作る（春木，2011）」といわれるように、姿勢・運動とその時その場での子どもの「構え」や「心的状態」との関連を丁寧に観察する必要性を感じている。例えば「座る」ことをとってみても、座らされることと、自ら座ろうとすることの違いは大きい。多動の子どもが自ら座るようになることは、単に学習の結果と考えるより、空間に自己を定位し始めた姿とみることもできる。良い姿勢で座るよう指導してもすぐに崩れてしまうのは、そこに姿勢の緊張を保つ志向的な活動が十分に保障されていない可能性も考えなくてはならない。その時その場が子どもにとっていかなる意味をもつのかを、身体や姿勢の姿と繋げて読み取ることが重要である（図7）。

　このことは、対人関係の中でも同様である。例えば、人とのかかわりや遊びの中で身体を合わせたり、相手に姿勢を委ねることに着目してみると、発達段階を問わずつまずいている子どもは思いのほか多い。初期の段階では、身体を委ねて遊ぶことができない姿勢・構えのかたさが目につく。おんぶやお馬さんはもとより、仰向けで寝ること自体も相当な時間をかけてアプローチする必要がある子どももいる。ハイタッチで相手とピタリと手が合わない様子も、関係性の中での姿勢の姿であろう。子ども同士の関係が成立し始めてくる段階では、相手に合わせた力加減や距離感がグループ活動の1つのテーマになる。

　このように姿勢・運動も多様な視点から読み取り、発達段階に応じて知恵や自己像、情緒の

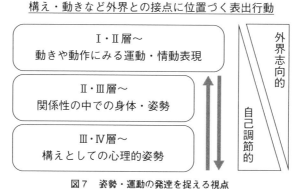

図7　姿勢・運動の発達を捉える視点

育ちと関連づけてみていくことで評価の視点が拡がるであろう。姿勢・運動は外界との直接的な接点であり、私たちがもっとも目で見て捉えやすい子どものありのままの姿である。しかし、指導の中ではどこか見落としがちであることも多い。姿勢の良し悪しだけではなく、子どもが置かれた場や関係性の中で姿勢・運動を捉えていきたい。

文献

春木豊（2011）動きが心をつくる　身体心理学への招待. 講談社現代新書.

池畑美恵子（1999）障害児の常同行動研究における発達的研究の展開と課題. 発達臨床研究, 17, 81-92.

池畑美恵子（2007）重度発達遅滞児の常同行動と対物認知の発達臨床的研究. 発達臨床研究, 25, 19-30.

滝川一廣（2004）「こころ」の本質とは何か─統合失調症、自閉症、不登校の不思議─. 筑摩書房.

冨澤佳代子（2015）感覚と運動の高次化における自己像発達─思春期の発達支援を視野に入れて─. 発達臨床研究, 33, 41-50.

宇佐川浩（1989）感覚と運動の高次化と自我発達─障害児臨床における子どもの理解─. 全国心身障害児福祉財団.

宇佐川浩（1992）発達臨床における障害児の自我発達─我々の療育事例の臨床的検討─. 発達臨床研究, 10, 13-27.

宇佐川浩（1995）新しい発達障害理解のための臨床モデルの構築. 発達臨床研究, 13, 3-29.

宇佐川浩（1998）障害児の発達臨床とその課題─感覚と運動の高次化の視点から─. 学苑社.

宇佐川浩（2007）障害児の発達臨床Ⅰ 感覚と運動の高次化からみた子ども理解. 学苑社.

浦﨑源次（2015）知的障害教育における「日常生活の指導」概念の検討. 群馬大学教育実践研究, 32, 103-108.

第 2 部

4層8水準からみる発達理解

第1部では、感覚と運動の高次化理論とは何か、その成り立ちと理論の中心にある発達臨床的な捉え方の枠組みを整理した。感覚と運動の高次化理論を通して子どもの支援を考えるには、発達の構造性、全体性、意味性を子どもの姿と重ねて読み取る必要がある。それはとりもなおさず発達水準の把握とも深くかかわっている。そこで第2部では4層8水準からなる感覚と運動の高次化発達水準による発達の見方を、教材やアクティビティ例、事例も交えて詳細に示していきたい。各層・水準の概要および指導の手立てや留意点を明らかにし、発達的な子ども理解の視点を整理する。

　なお、ここで取り上げる層・水準の考え方は、決して目指すべき到達点として位置づけるものではない。例えば3水準の子どもは4水準を目指した指導が必要なのではない。あくまでも、今の子どものおおよその発達段階と、少し先の発達の姿を見据えていくための手がかりである。また、「層」には、積み重なりという意味があるように、Ⅱ層の子どもはⅠ層の育ちを、Ⅲ層の子どもはⅡ層あるいはそれより前の育ちが積み重ねられているかを確かめる必要がある。ケースによってはⅢ層だと「思っていた」が、実はⅡ層の課題を飛び越えたり薄く通過しているという場合もある。このアンバランスや飛び越えが、思いのほか実態把握の中で捉えられていないことが多い。特に、Ⅰ層やⅡ層の感覚や知覚というキーワードが、障害の重い子どもを説明する概念としてだけではなく、上位層の子どもにとっても発達の基礎を振り返る視点であることを強調したい。4層8水準の構造は図8に示す通りである。96〜97ページに示した概要表と併せて、層と水準の意味を明らかにしたい。

図8　感覚と運動の高次化発達ステージの構造

第 **3** 章

Ⅰ層　初期感覚の世界の理解

1 Ⅰ層　初期感覚の世界とは

　感覚と運動の高次化発達ステージでは、Ⅰ層を初期感覚の世界と呼び、その中で感覚入力水準、感覚運動水準、知覚運動水準の３つを設けている。初期感覚とは、前庭感覚、固有感覚、触覚という内受容器による刺激受容を意味する。Ⅰ層は、これら初期感覚による刺激受容が優位な段階である。視覚や聴覚といった遠隔受容器の活用はⅠ層後半から少しずつ芽生えてくるが、外界とのかかわりに視覚や聴覚が本格的にかかわるようになるのは次のⅡ層である。

　一般的に、ヒトは視覚での情報取得が高いといわれているが、発達初期の段階では、視覚で定位し見ようとすることや、複数の対象を定位し見分けていくという「視知覚的行為」や、ききとっていく「聴覚的行為」は起きにくい。視力や聴力は備わっているとしても、それらを通して外界から情報を取り入れ、何らかの運動・表現に繋げるまでに**図9**のような段階を踏むと考えられる。

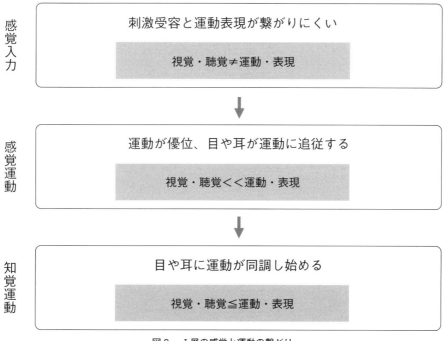

図9　Ⅰ層の感覚と運動の繋がり

揺れ・関節への刺激（前庭・固有感覚）　>　触覚　>　聴覚　>　視覚

図10　初期感覚器官の受容のしやすさ

　発達初期にある子どもたちの刺激受容は、揺れ（前庭感覚）や関節への刺激（固有感覚）、触覚からの刺激が最も受容しやすく、次いで聴覚、視覚という順序性が考えられる（図10）。このような順序性を手がかりに子どもの行動を観察すると、なぜ物に興味を示さないのか、なぜ特定の場面で情緒が不安定になりやすいのか、その背景を整理しやすくなる。

　例外として肢体不自由児のように運動・表出系のつまずきが大きい子どもの中には、視覚や聴覚刺激の方が反応を得やすい子どももいるが、その場合でも前庭、固有、触覚といった初期感覚の受容を高めることでより意図的な目の使い方が育つ。おおおよその傾向として感覚の使われやすさの順序をおさえておくと、かかわりの糸口を見つけやすい。

2　I層　感覚入力水準

　感覚入力水準は、感覚刺激の受容がまだ十分に確立しておらず、感覚刺激の受容と運動表出も繋がりにくい段階である。感覚と運動が繋がりにくいということは、例えば音を聞くと運動が止まる、逆に運動を起こすと目が使われにくくなるなどの様子を意味する。外界に対する自発的運動そのものがまだ少なく、働きかけ（感覚刺激の受容）に対する明確な反応も一見すると弱い。しかし単に「興味がない、反応が弱い」と解釈するのではなく、視覚や聴覚で刺激受容し、それをうけて手や全身の運動、声、表情などなんらかの運動表現を組み立てることが難しいと考えることができる。感覚と運動の高次化の視点でみるとまさにスタートラインにある子どもであり、いかに感覚刺激の受容を高め、運動表現へと繋げていくかが課題となる。

（1）刺激受容に対する反応を探る——原則理解を出発点として

　感覚入力水準では、初期感覚と呼ぶ前庭感覚刺激や固有感覚刺激、触覚刺激を介したかかわりがスタートとなる。支援は、これらの初期感覚刺激をどう受け止めているかをさまざまな観点から捉え、そこに反応の一貫性や反応の量的、質的変化を見出すことである。具体的には視覚や聴覚といった遠隔受容器よりも、まずは前庭感覚や固有感覚、触覚刺激を介して慎重にかかわることで、反応の原則を探ることになる。

　刺激受容の判別には、姿勢反応の変化や、眼球の動き、表情や発声などを注意深く観察することになるが、実際には刺激に対する子どもの反応は微弱であったり、曖昧なことが少なくない。通常予想するような明確な快反応より、動きを止めたり、眼球を端に寄せたり、突っ伏したりといった静的な反応が刺激受容のサインであることも多い。映像記録による見直しは、こ

れらの微細なサインを知る有効な方法となる。また観察では、個々の刺激に対する反応の有無だけではなく、反応の現れ方の原則理解も重要である。そのためには子どもが喜ぶ刺激、反応がある刺激をやみくもに探すというよりは、刺激を整理した場面で一定程度継続してかかわりながら、一貫して現れてくる反応を子どもの原則として仮説的に整理することも重要である。

（２）不快の調整と身体へのかかわり

　刺激に対する反応を指導のテーマに据えると、おのずと子どもの快反応を期待しやすい。しかし感覚入力水準、あるいは次の感覚運動水準では、快反応を引き出すこと以上に、まず覚醒レベルや不快情動をいかに調整するか、そちらの方に重きを置かざるを得ない事例も多い。

　不快の背景には、感覚の過敏や姿勢変化の過敏がある。わずかな姿勢変化や場面変化が不快情動の表出や緊張の亢進をもたらしやすい。また、喉の渇き、空腹、眠気といった生理レベルや覚醒レベルの要因も多い。抱き方を変えると激しく泣く、活動の途中で寝てしまうなどかかわりの前段階の生理的コンディションや不快情動の調整が求められる子どもたちがいることに注意したい。

　この場合も、基本は個々の子どもの原則理解に徹することが出発点である。特に不快情動については、活動に対する好き嫌いや調子の良し悪しなど単純な理由づけではなく、その時の刺激内容や場面・空間、時間（長さ）など複数の要因を想定し、その都度、仮説的に整理することで、原則を見出していく。大人の焦りから泣き止ませることだけに終始せず、子どもが置かれている身体的、心理的状態を観察しながら、外界との接点である身体にかかわることで不快情動の調整を促していきたい。

　深田（2016）は、最重度重複障害児との４年間の長期的かかわりの中で「姿勢の変化を感じる学習」「揺れに対する身体の気づき」「前庭感覚を使った学習」「固有感覚を使った学習」を丁寧に積み上げ、身体や心に現れていた著しい過緊張を少しずつ和らげていくことができた実践事例を報告している。感覚入力水準に相当する発達初期段階の生徒が徐々に、極めて細かな配慮のもと姿勢の変化を受け入れ、やがて自分の手や身体の感覚に気づき、目と手が繋がり始める過程には、Ⅰ層の支援における感覚受容の高次化の重要性とともに、その前提にある個々の子どもの原則をふまえた身体へのかかわり方が示唆されている。繰り返しになるが、Ⅰ層は子どもの外界とのかかわり方の原則を理解することが必須であり、原則理解が指導の中心目標であるといってもよい。小さなサインを仮説的に読み取りながら、方針を整理することが求められる。一例としてエピソードを紹介したい。

事例エピソード

　不快情動が中心で、頻繁に泣いているＭちゃん。泣きながらしだいに寝始めるなど、不快情動と低い覚醒状態を揺れ動き、対人的なかかわりの糸口が見つけにくい状態であった。覚醒し泣いていない瞬間でも、探索行動は起きず、物のリーチングは未獲得であっ

た。かかわりを重ねると、大人の膝の上での自己刺激的な身体接触が唯一泣き崩れない姿勢であることがわかってきた。しかし、そこから背中を離すと泣き始めることから、姿勢変化による不快情動の高まりが頻繁な泣きの背景にあることが推察された。この仮説をもとに、背中を離さない状態で指導者と揺れ遊具に乗ったり、背中を密着させた姿勢で抱きながら玩具を提示するなどの介入を試みた。その延長で背中を保持すると箱ブランコで一定時間、泣かずに過ごせるようになり、箱の中の狭い空間の方が手で物に触れようとする兆候も見えてきたため、背中を密着させた姿勢での身体へのかかわりと並行して、箱ブランコの中で教材へのかかわりを引き出していった。

3　I 層　感覚運動水準

　感覚運動水準は、感覚入力水準と同様、前庭感覚・固有感覚・触覚の初期感覚刺激の入力が優位であり、視覚や聴覚で外界を識別的に把握することはまだ難しい。しかし、初期感覚での刺激の受容と、情動や運動の表出が少しずつ繋がり始めること、瞬間的、瞬発的ではあるが目や手を使い始めることが特徴である。具体的には、触覚や固有覚、聴覚を手がかりに物に手が伸びたり、手にした物を口の触覚で確かめるなど感覚の活用が育つ。また、叩いて音を出すなど瞬発的な運動が中心ではあるが、物に対する自発的操作も引き出しやすくなる段階である。感覚入力水準から感覚運動水準は、行きつ戻りつしながらも以下のような変化をふまえて移行していくといえる（表3）。

（1）刺激の受け止め方や定位の変化

　初期感覚を介した遊びを、構造的・規則的に続けていくと、少しずつ働きかけの直前に身構えたり、動きを一瞬止める、表情を変える（笑顔）、嫌がるなど予測性が芽生えてくるようになる。リズミカルな声かけや短いフレーズでの歌いかけなど、聴覚刺激が予測性の手掛かりになることも多い。そのような意味で、感覚運動水準では音・音楽の受容にも着目したい。

【聴覚刺激】

　この段階では、整理された場面であれば、いくらか音に対する定位反応が確認できることが多い。背後や側面からの楽器音や人の声に気づいて顔を向けたり、音・音楽に動きを止めて聞き入る姿が出てくる。歌絵本などを耳に当ててじっと聞き入ることもある。音・音楽が終わる

表3　感覚入力水準から感覚運動水準への発達的変化

①揺さぶりや接触、音、音楽に対し、わかりやすい情動変化や行動反応、予測反応がある
②運動を起こす際に瞬間的に目を使う、焦点視や追視の始まり
③未調整な運動ながらも、手で物を操作しようとする

と声を出す、姿勢を変える、動き出すなどの姿は、終点に気づき始めた第一歩といえる。姿勢が安定している子どもでは、音楽に合わせて身体を揺らすなど、聴覚と運動の協応が始まることもあるが、まだ感覚運動水準では十分な繋がりではないことが多い。

【視覚刺激】

　好きな物や人の顔などに対する焦点視が明確になる。1 方向の追視も始まり、人の動きやゆっくりとした物の動き、縦にゆっくり落ちるボールなどを追うことがある。また、物に手を伸ばすなど運動を起こす際に、瞬間的に目を使ったり、スイッチ押しなどで特定の面を見分けたりするなど少しずつ目を使い始める姿が確認できるようになる。ただし、まだ感覚運動水準では目で運動をコントロールすることは難しく、運動が先行するか、運動に追随して瞬間的に目を使うことが多い。例えば視野の端で物を捉えているかのように手だけで物に到達し、手が触れると一瞬見るなど運動が先行していたり、一瞬見て物に手を伸ばすが、物を持つと目が離れたりするなどである。この段階では、次に示す手の運動との関連で目の使われ方を評価することが重要である。

（2）瞬発的な手の運動の自発とレパートリー

　手の運動も "瞬発的" と強調するのは、まだ運動を方向づけることや対象に合わせて調節的に手を使うことは難しいためである。手で握った物も〈意図的に離す〉よりは、〈落とす〉〈離れる〉ような扱いになることが多い。振って音を確かめたり、口元で確かめるなどした後の、終点に向かう操作をどう引き出していくかが課題となる。触覚教材や楽器に対しては、〈触る、ひっかく、叩く、握る、振る〉などが操作手段となりやすい。

　自発的な手の動きを引き出すには、姿勢の保持が重要であるため、机と椅子の調整はもちろんのこと、指導者が直接身体に触れた姿勢介助の方法についても個別的に整理する必要がある。例えば、子どもが物に手を伸ばそうとする際に、後方や側面から体幹や手首を支えるなどの介助があると、操作が安定することが多い。

（3）終点への気づきを育てる

　物の操作や運動を通して「終点」に気づくことが、知恵の育ちの第一歩となる。行為には必ず始まりと終わりがあり、その終わり＝終点がわかることで意図的な行動が成立すると考える。

　しかし、感覚運動水準では始点はあっても、終点を意識することは難しい。自発的に物に手を伸ばしたり、何らかの刺激に誘発されて動き出しても、その手にした物の扱いや目的が不明確なまま手から離れてしまったり、グルグルと動き回るなど終わりがつくりにくい。自己刺激的、自己循環的な行動とも評価できる。そのため、感覚運動水準ではかかわりの中で指導者が意図的に終点を明確化し、子どもがどう気づくかを観察する。

　例えば、毛布ブランコでは終わり（終点）に近づく場面で、徐々にスピードを落とし、静かにゆっくりと床に着地させるなど身体感覚を通して終点を教えていく（**写真 1**）。歌いかけに

写真 1　毛布ブランコ

反応があれば、歌の終わりでしっかりと静寂を作るなど、遊び場面でも意図的な終点の設定は可能である。物を持てるようになった段階であれば、ゴルフボールや電池のようにやや重みのある物を缶に「入れる」操作を通して触覚、固有感覚、聴覚で終点に気づくよう働きかけていきたい。

（4）姿勢の安定と教材の活用

　感覚運動水準では、外界への能動性、すなわち手による物の操作を拡げることが中心目標となるが、その鍵を握るのは物に向かう姿勢の安定・保持と効果的な教材の活用の 2 点である。姿勢が保てることで教材に手が伸びる、あるいは魅力的な教材に手を伸ばしたいために姿勢を保とうとする、そのどちらも可能性があり、姿勢と教材を対に見ることが重要である。

　姿勢については、椅子座位が可能であれば、机や椅子を適切な高さに調整して机上で物にかかわる姿勢を育てていきたい。その際、体幹の保持や足底の接地具合、机は肘が乗る高さに調節するなど配慮する。視覚的なコントラストや操作の安定を高めるために、机上面にマットレスや書見台を使うことも有効である。また、子どもによっては指導者が正面ではなく、背後や側面に位置し、直接肘や体幹を支えることで、手の操作が安定することも多い。

　教具は、初期感覚や聴覚刺激がフィードバックとなるよう、触り心地や振動、音、光などに着目する。特に簡単な操作で音のでる楽器は、自発的な運動とフィードバックの因果関係が明瞭で、手の動きが引き出しやすい。

4　Ⅰ層　知覚運動水準

　知覚運動水準は、感覚入力水準や感覚運動水準と同様、感覚を通して、身体の延長で外界を受け止める段階である。ただし、それまでと比べて前庭感覚・固有感覚・触覚から少しずつ視覚や聴覚が使われるようになること、さらに視覚や聴覚と運動が繋がり始めることが特徴である。子どもと外界の関係は大きくかわり、始点と終点の理解を支えに対物操作が豊かになるだけではなく、自己の身体図式・運動図式も成立し始めることで、自己と外界の分化や他者に対する意識の向け方にも変化が認められるようになる（**表 4**）。

表 4　感覚運動水準から知覚運動水準への発達的変化

①リーチングは確実になり、その対象も拡がる ②物と物の関係理解（入れる終点理解）の始まり ③視覚による運動調節や運動図式の芽生え ④欲しい物を取りに行く、人に接近するなど目的と行動の分化

（1）手の操作性の拡がり

　まず、リーチングはさまざまな対象に確実に向けられるようになり、机上の物だけではなく、接近する人や周囲の環境、少し離れた物・対象にも向かうようになる。〈触れる／叩く〉といった操作から徐々に〈すべらす／押し続ける〉〈入れる〉といった意図的操作に展開する。特に容器に物を〈入れる〉操作は非常に重要度が高いと考えている。臨床的には〈入れる〉ことが可能になると、その後の手の操作や因果関係理解は大きく変容する傾向を見出しており、〈離す、放る〉から〈入れる〉までの発達を丁寧におさえていきたい。握りやすく離しやすい大きさ、適度な重みのある素材、入れた際の音のフィードバックなどさまざまな工夫を重ねながら指導をすすめていくことが重要である。

（2）視覚による運動調節と手段の連鎖、物と物の関係理解

　知覚運動水準は物への視覚的定位が明確になり、意図的なリーチングが増えることは既に述べた。このように目で見た対象や方向に確実に手が伸びるだけではなく、視覚によって運動を組み立て、調節できるようになることがこの水準の特徴であり、視覚≦運動と表記するゆえんである。視覚による運動調節は、輪抜きやスライディングブロックなどの教材を用いて、「運動を方向づけ終点に向かう学習」を通して育てていく（**写真2**、**写真3**）。達成には始点から終点に向かい運動をおこし、途中で運動方向を切り替え、終点に向かうという手段・行為の連鎖が必要な学習である。この手段・行為の連鎖は初期段階の知恵の育ちとして大変重要である。

　球を筒に入れる学習なども、球を大人が持たせたり、手に触れさせるとつかんで入れられる段階（始点が不明確）から、知覚運動水準の後半には球を棒から抜いて筒に入れたり、容器から球を取り出して筒に入れるなどの手段の繋がりが出てくるようになる。

　Ⅰ層の発達理解では、往々にして"反応があること""笑顔があること"に着目しやすいが、知恵の発達の観点からは反応の有無だけではなく、視覚による運動の調節や、物に対する操作の自発と安定、操作や行動レベルでの終点理解の定着にも注目していきたい。

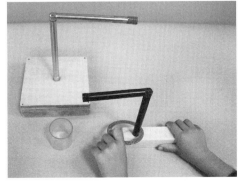
写真2　2方向輪抜き

写真3　1～2方向スライディング

（3）視覚弁別の初期発達

　初期の視覚弁別が始まるのも知覚運動水準の特徴である。例えば、缶の入り口が空いている
ものと塞がっているものとを見分けたり（**写真 4**）、異なる形状の 2 種の物の入れ分け、丸や
四角の 2 種弁別（**写真 5**、**写真 6**）などが達成し始める。このような学習も、最初は運動が
先行し、視覚があとからついてくることが多い。**写真 4** でみれば、塞がっている入り口に玉
が当たり、そこで運動方向を切り替えてもう一方の缶に入れるなどである。この段階では、ま
だ運動が先行しているが、徐々に缶の蓋に玉が当たる前に、目で見て気がつき一瞬運動を止め
たり、はめ板を「かざす（立松，2009）」だけで正解側に向かえるようになる。視覚による運
動調節のわかりやすい一例である。はめ板学習や入り口弁別、スライディング、輪抜きの学習
も同様に、感覚運動的な試行錯誤のある取り組みなのか、洞察的な操作なのかで意味が異な
る。終点を一瞬見てから動かす、入れる前に穴の位置を確かめるなど、取り組み方の詳細を観
察したい。

　目の使われ方の高次化によって、人に対するまなざしの向け方や目の合い方にも変化が現れ
る。また次のⅡ層への移行過程においては、弁別学習が教材を媒介としたやりとりの支援にも
貢献するため、「入れる・はめる」終点での基礎的な視知覚の学習は丁寧に取り組みたい。

写真 4　二つの見分け

（4）物の永続性や終点理解にみる知恵の育ち

　知恵の育ちとして確認したい力は、2 つある。
1 つ目は、物の永続性にみる記憶や手段の形成で
ある。知覚運動水準では、玩具を布で隠しても確
実に払いのけることができるほか、2 つの箱の片
方に入れた玩具を記憶し、取り出す位置記憶の学
習が成立する（**写真 7**）。知恵の育ちの過程で、
この記憶学習の成立は大変重要な意味をもつ。そ
れは現前になくても記憶にとどめておけるだけで

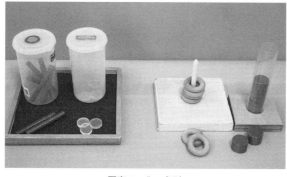

写真 5　入口弁別

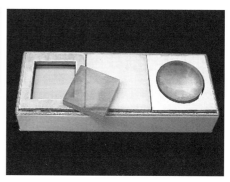

写真 6　2 種型はめ弁別

はなく、取り出すための手段の連鎖や、教授過程で"手を出さず一瞬待つ"力がついたことを意味するためである。対象にすぐ手が伸びてしまい静観的姿勢が作りにくい場合、適切な距離や間をとりながら、見る－覚える－取るプロセスを丁寧に整理したい。

写真7　2種位置記憶

　2つ目は、終点理解である。知覚運動水準では視覚による運動調整や初期の視覚弁別が育つが、その前提には操作の始点－終点を理解する力の育ちがある。始点－終点が理解できることが、目や手を使おうとする意欲に繋がると考えてもよいであろう。知覚運動水準は、確実な始点－終点の理解を基盤に、意図的、目的的な外界とのかかわりが育つと考えられる。

　終点理解の発達過程については、以下のような段階が想定されている。

・始点と終点が一体化した段階

　　叩いて音を出す、触れて感触を確かめるなど、始点－終点が未分化である。

・運動感覚による始点－終点理解

　　棒から輪を抜く、スライディング板で半球を落とすなど運動感覚（固有感覚）で終点を理解する。ブランコが止まる、簡単なサーキットで最後に足元の感覚が変わり終わりがわかるなども、運動感覚での終点である。

・聴覚による始点－終点理解

　　容器に玉を入れると音が鳴るなど音の終点も、初期段階ではわかりやすい。また「歌」も必ず終わりがあり、わかりやすい。

・視覚による始点－終点理解

　　ここからは次のⅡ層の力になるが、目で見て始まりに気づいたり、終点を見て動かす、同一の絵と絵を重ねるなどが該当する。

・関係性で終点に気づく段階

　　拍手をされたり、褒められることで終われるなど、対人的なかかわりで終点がつくれる段階

　Ⅰ層では、諸々の活動がわかりやすいかどうかは、どのように始点－終点を構成しているかに尽きるといってもよい。個別では教材そのものが始点－終点を規定している。集団においても、例えば呼名による始点がわからない子どもには、運動感覚による始点（例えば身体に触れるなど）で伝えたり、移動の手がかりとなる物を手渡して、向かってほしい終点に気づかせる

などさまざまな工夫が考えられる。

　さて、ここまでは外界、特に物に対する認知の育ちを中心に、初期段階を整理してきた。自己刺激が優位な段階からいかに外界へ向けた行動が拡がるか、その基盤にある知恵の発達の重要性を強調したい。感覚刺激の受容から始まり、目と手、始点－終点、手段の形成といったテーマの中で、教材・教具を工夫していくことが知恵の発達を支える視点といえよう。一方、刺激種や教材・教具といった枠組みでだけでは発達の全体性は捉えにくい。初期段階の子どもを前にすると、反応の有無や、自発的にかかわるか否かという枠組みでしか子どもが見えなくなり、各種の刺激やかかわりを受け止め、まとめあげていく主体としての自己の育ちは見落とされやすい。自己像、すなわち「自分に関する気づきやイメージ、情報のまとまり」は、どのステージにおいても子どものトータルな育ちを支える重要な概念である。Ⅰ層の自己像の捉え方、読み取り方を次に整理したい。

5　Ⅰ層の自己像の育ち──その読み取りと働きかけ

（1）感覚・身体を軸にした自己の輪郭の芽生え

　自己像の初期発達として、まずは反射的、生理的レベルでの自己が考えられる。外界からの刺激を感覚器官によってとりこむこと自体、自己の気づきの始まりであると考えられるが、どの程度自己と外界が分化しているのか、その判断は難しく、慎重な解釈が求められる。もちろん、子どもからの何らかの表出を、文脈と重ね合わせて意図ある表出として読み取り、応答する間主観的かかわりは、自然であり、情動共有の上でも必要である。しかし、例えば重い運動障害を併せもつ子どもが、自己の姿勢や身体のみならず、重心すら自力では感じにくいという不確かな世界（秋江，2018）を想定すると、外界へ向かう主体としての自己の存在を無条件に考えることは誤りといえよう。自己の輪郭はわれわれが思う以上に曖昧であり、未分化であるとの想定から、初期段階の子どもの自己像を読み取っていきたい。

　また、特に感覚入力水準、感覚運動水準では、明確に表出される自己は、空腹や睡眠リズムなど生理的要因や姿勢不安、感覚過敏など身体的要因に起因する不快表現が中心になりやすい。快の情動表出も内に向かいやすい。物に対しても自己に引き寄せ、触覚的に確かめる段階では、自己と外界の分化は曖昧で、なおかつ「受け身的な自己」といえる。

　このような初期段階での曖昧な、快・不快の自己感覚に留まりやすい姿に対して、姿勢や身体の気づきを得る感覚運動的かかわりを丁寧に積み重ね、人を介して物に触れたり、人であるからこそ可能な快・不快の情動調整をしたりすることが、自己の輪郭を整えていく支援となる。また、これらのかかわりが彼らの関係性発達を導く糸口にもなり得るであろう。発達初期の子どもたちは、ともすると抱える困難さの一つひとつに指導の焦点が当てられやすい。しかし、かかわりに対する反応・応答の確認に留まらず、その体験の蓄積の中で形成されていくであろう自己像を想定し取り組みたい。

（２）意図的姿勢変化と自他の分化

　知覚運動水準になると、意図的に自らの姿勢を変化させたり、物にかかわろうと姿勢を保持したりする力が育つなど、身体や姿勢が外界に向かいやすくなる。玩具を見ようとして身体を乗り出し姿勢を止める、特定の他者に接近し顔を覗き込む、特定の場所に方向を定めて向かう・見るなど、感覚と運動の使われ方が意図的、調整的になる点に、運動図式の芽生え、すなわち感覚・身体を軸とした自己像の育ちを読み取ることができるようになる。この頃になると、身体へのかかわりや移動、姿勢変化の促しに対する受け入れが拡がり、一定の予測性や期待を伴って人と遊ぶという構造が成立し始める。音を出すことと、聴くことを交互に楽しめるなど能動－受動の成立も、自他分化の芽生えとみてよい。もちろんこのような関係性の芽生えは、指導者側の意図的なかかわりが出発点となることが多く、まだ子どもの側には他者との遊びを主導する力はついていない。その力は次のⅡ層の段階で物を介した関係性が成立するまで待たなくてはならないが、少なくとも自己とは異なる外界や他者が意識され、情動表現が他者に向けられていく過程は、知覚運動水準でおさえておきたい自他分化の芽生えであるといえよう。この姿を、単に人に対する関心が増したとみるのではなく、視覚や聴覚が少しずつ運動表現に関与し、始点終点が確立すること、因果関係理解や目的と行動・手段の分化が育つことなど、知恵の発達と切り離さず捉えていくことが重要である。

6　Ⅰ層の子どもの臨床支援の方向性と手立て

　初期感覚の世界（図11）であるⅠ層の臨床実践では、大きく２つのねらいが柱となる。１つ目は、初期感覚刺激の受容そのものを高めていくという発想の中で、各種の活動を構成し、一つひとつの刺激受容状態を丁寧に評価しながら、個々の受容域の幅や反応、行動の原則を理解していくことである。その過程で、子どもが確立しつつある刺激の受け止め方がより確かなものとなり、さらに自己の身体や手に対する気づきを高め、意図的な姿勢変化に繋げていくことをねらいとする。例えば、トランポリンや揺れ遊びなど初期感覚に働きかける遊びはⅠ層の子どもに適しているが、単に快情動を引き出すことにとどまらず、外界との接点である身体を軸とした自己像を育てることもねらいとしていきたい。

　２つ目は、初期感覚優位の世界から視覚・聴覚での外界把握を促し、能動的に外界に向かう力を育てていくことである。すなわち次のⅡ層　知覚の世界への足がかりとして、見分ける・聞き取る活動を丁寧に設定し、臨床評価を重ねていく必要がある。

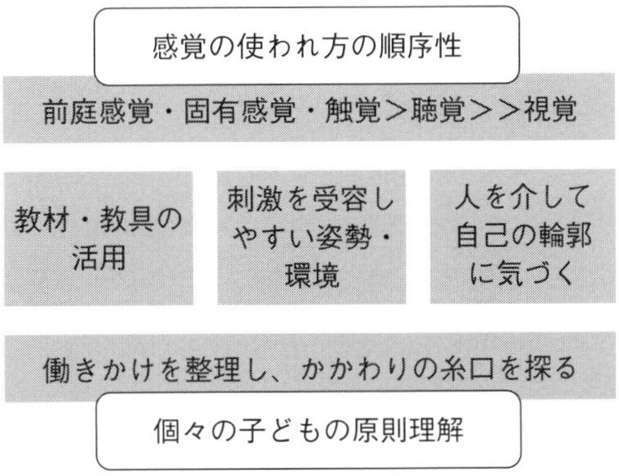

図11　Ⅰ層　初期感覚の世界の理解

これらの活動は、可能な限り安定した姿勢を保持しながら、外界に向けた能動的な運動、操作を促すことが基本であり、絵本や歌を「見せる」「聴かせる」受動の世界だけでは、十分な指導になり得ない。受動と能動の交互展開に向けて、子どもの中に〈見ようとする姿勢〉〈聴こうとする姿勢〉を育てていきたい。そのためには、①終点を理解すること、②因果関係を理解すること、③手の操作性の拡がりと手段の形成、④簡単な見分けや聞き分けの活動、⑤物の永続性（記憶）の獲得といった初期の知恵の育ちを促していく必要がある。

　これらの目標設定の中では、必然的に教材・教具の開発と活用が意味をもつようになるが、Ⅰ層は教材をあらかじめ想定した手順やねらい通りに活用することは困難であることが多い。楽器を叩かせるつもりが、楽器の裏面の感触に惹かれるかもしれないのである。

　Ⅰ層のアプローチは全てにおいて子どもの原則理解が出発点であり、個別的な理解の中で〈何がその子どもにとって育ちの足場になるのか〉を探る姿勢が求められている。〈育ちの足場〉は、"かかわりの糸口"や"その子どもがまさに伸びようとしている領域"と置き換えてもよい。発達年齢では測れない個々の育ちの足場をまず見ていくことが障害の重い子どものかかわりでは最も重要であると考えられる。しばしばこの点が吟味されないまま、慣習的に活動が展開され、感触教材やスイッチ教材といった教具が当たり前に提供される実態がある。ともすると大人が考える足場に乗せようとする指導展開になっていないか？　それにより情緒問題が拡大していたり、子どもの変化が見えなくなっていないだろうか？　かかる観点で実践の基本を見直すために、以下5つの指導の手立てを挙げる。

（1）整理しながらのかかわり──各種感覚刺激の特徴をふまえて

　Ⅰ層では、教室環境や活動場面あるいは提供する感覚刺激の性質を十分に整理し、子どもの感覚・目線に立って、仮説的であっても【何が受容でき、何が受容しにくいのか】を見極めていくことが重要である。環境という点では、例えば入口から椅子までわずかに距離があることが入室のつまずきになっていたり、活動の切り替わりで大人が動き過ぎることで不安を高めているなど、子どもの側から環境設定を吟味すると、見落としがちな課題が見えてくることが多い。特に、①空間が広すぎること、②場所の移動や活動展開が複雑であることの2つは混乱に繋がりやすいため、空間の設定や移動場面の状況は十分にアセスメントしたい。例えば玄関から一番近い部屋を使う、教室移動をやめる、活動時間を短くするなど、一時的にでも設定を変更してみると、どこに行っても混乱し泣き続けていたり、座れたことは一度もなかったりする事例でも確実に様子が変わることを多数経験してきた。シンプルな発想の転換や習慣の見直しが功を奏するという実感がある。支援現場にはそれぞれ制約はあるが、少なくともⅠ層の子どもたちは自ら環境に働きかけ操作していく力が弱い以上、まずは支援・指導の入口段階となる環境の在り方をいかに整え、わかる世界を保障できるかが問われる。

　提供する感覚刺激の特徴については、以下のように整理できる。

【前庭感覚の特徴】

　前庭感覚刺激は、遊具や大人との身体遊びの中で、回旋、前後の揺れ、垂直揺れ、横揺れなど意図的に変化をつけながら提供できる。これらの活動は初期段階の子どもでも快情動を引き出しやすく、覚醒を高め、発声や手足の動きを引き出しやすい。ただし、前庭刺激を与える活動は、その後どのような活動に展開しうるのかを見通しにくいことや、子どもが受け身になりやすい点が課題である。人を意識するという点でも前庭感覚刺激の活動は難しさがあり、喜んでいるようでも外界を遮断し、内に向かいやすい。

【固有感覚の特徴】

　手首や足首、関節などへの刺激や抱きしめる、握りしめるといった圧覚を伴う刺激は、前庭感覚に次いでわかりやすく受容されやすい刺激である。Ⅰ層の子どもに限らず、Ⅱ層でも指導者が手や手首などに圧を加えながら触れると、動きを止めたり、もっとやってほしいと手を差し出す様子が観察される。触覚が過敏な子どもでも、圧を加えることで身体に触れやすくなることが多い。また情動の過剰な興奮や自傷行動なども、固有感覚への刺激で鎮静化する場合がある（池畑, 2009；早川, 2013）。

＊意図的に固有感覚に働きかける工夫は、教材学習でも可能である。輪抜きやチェーン引き、スライディングブロック、マグネット教材など子どもが適度な手ごたえと力の調整を感じられる教材が有効である。

【触覚刺激の特徴】

　くすぐりやスライムなど触覚刺激の活動も快の表情を引き出しやすい。特にスキンシップ的な遊びが受け入れられる場合は、人への気づきも意図した活動が展開しやすくなる。しかし、前庭感覚や固有感覚と異なり、触覚刺激は身体のどの部位に触れるか、刺激の種類、強度によっても受け入れやすさは異なり、中には強い触覚過敏を呈する場合もある。手の触覚刺激に気がつき、受け入れたり探索する様子がでてくると、さまざまな手の動きが引き出されてくると予想できる。また、手だけではなく、足の裏や背中、頬、口の周りなどにも慎重にかかわりながら、受容域を確かめ、その拡大を促すことも課題となる。

【聴覚刺激の特徴】

　聴覚刺激も比較的受容しやすく、情動の動きも引き出されやすいが、過敏がある子どもも多い。個々の子どもの最適な音質や音量を丁寧に探る必要がある。音や音楽を受容すると運動を止めたり、目を端に寄せたりするなどの姿は、聴覚刺激と運動表現とがまだ繋がらないことを意味しているが、刺激の受容に向けた意味のある姿といえる。

（2）枠組みの明確化と姿勢づくり

　複数の刺激が同時に与えられる場面や全くの自由場面も、わかりにくく自己刺激や情動混乱に繋がりやすい。Ⅰ層では、「自由場面は不自由」であり、発達に合わせた教材・教具を用いて机と椅子など場面の枠組みを明確にする方が、物にも人にも向かいやすく、子どもの能動的

な動きを引き出しやすい。机は対面設定だけではなく、指導者が側面や後方に位置する設定も考えられる。側方や後方の方が、姿勢を支えやすいだけではなく、身体を通して子どもの内的状態を捉えることができる。

　特に、座る姿勢の保持は最重要課題と考える。多動で物の扱いは瞬間的、自己刺激的であった子どもも、一定時間座れるようになった頃に、物の追視が始まるなど、視知覚の向上にも大きく貢献する（横田，2016）。また、机と椅子が基点となり、空間のどこに身を置くかの手掛かりを与える。机と椅子が外界への能動的かかわりの軸になるといえよう。運動障害を別にすると、これまで多くの臨床事例が椅子に座る姿勢をゼロから積み上げ定着できるようになっている。その方法は、早い段階から環境や場面、時間を綿密に整理し、その子どもがわかる刺激・教具を介して安心できる空間を保障していくというもので、徹底して子どもの原則に合わせていくことに他ならない。

　Ⅰ層の支援では、指導者の目は学習内容の精選やステップアップ以上にまず、目や手を使いやすい姿勢をどう作るかに向けられることが重要である。これは集団指導においても同様であり、Ⅰ層では姿勢の保持に対する最大限の配慮があって初めて活動参加の入口に立てると考える。

（3）応答性の高い教材・教具の活用

　因果関係の理解や目と手の協応性を高めるためには、教材・教具の開発も大きな課題となる。特に教材・教具のもつ音や動き、光などの応答性の高さを考慮しなければならない。Ⅰ層の子どもは振動や触覚や音、光などの応答性がわかりやすく、自発的に向かいやすい。**写真8**、**写真9**などは、触れる・叩く・ひっかくなどの簡単な手の操作でかかわることができ、振動や触覚、音、光などの応答性が高い教材・教具である。特に触れて音の出る楽器は、まだ運動をコントロールしにくい段階でも、子どもの指先や手の可動域に合わせて置くと、自発的な動きを引き出しやすくなることがある。市販の玩具も光や音・音楽の応答性という点では活用しやすいものも多いが、中には音楽のフィードバックが長すぎたり、操作との因果関係がわ

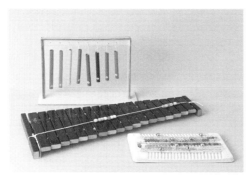

写真8　初期操作教具

写真9　ざる付きオーシャンドラム

かりにくいものもあり、留意しなければならない。

（４）大人との相互信頼関係の形成に向けたかかわり

　教具の魅力は大きいが、それだけに頼ることができない子どももいる。リーチングや視覚定位が特定の対象に限られていたり、感覚過敏や警戒心の強さから、事物操作が拡がりにくい初期段階の子どもは、さまざまな教具の提供をもってしても "やらされている" かのような状態から抜けられず、かえって拒否を強め外界に向かいにくくさせることがある。このような場合、改めて指導者と子どもとの関係性という基本に立ち返り、子どもの中にどの程度、他者に気づき、受け入れるという初期の信頼感の形成がなされているかを考えてみる必要がある。芳野ら（1995）は、一旦、教具への接近・操作を促す働きかけをやめ、対象児の動きをすぐ横で真似るなど相互信頼関係の形成に課題を捉え直したことで、子どもが大人の動作に視線を向け始め、大人の顔を触る、物を差し出す、大人の手をとるなど発信行動の多様化が認められた事例を報告している。

　信頼感の形成の手立てとして、指導者の距離の取り方は重要視している。Ｉ層の子どもたちが初期感覚を中心に外界を受け止めていることをふまえると、身体へのわかりやすい接触や近距離での声かけ、歌いかけなど、子どもの身体の延長にセラピストが位置しておくことは重要である。臨床的には、ビギナーのかかわり手は子どもの身体に触れることを恐れる傾向があり、物の提示やことばがけだけで子どもの反応を引き出そうとしやすい。もちろん過敏性への考慮は必要であるが、近距離で子どもの情動を読み取り、身体に触れることをためらわずに行なえるようになると、子どもの内的状態への言及や共感が増え、かかわりが一段階変容するように思われる。また、働きかけ全体を通して、始まり‒終わりを丁寧に構成しながら、働きかけが予測しやすいものになるよう工夫することも必要である。

文献

秋江直子（2018）初期段階の重症児の実態把握と支援．発達臨床研究，36，31-36.
深田竜一（2016）緊張の強い自分の身体と向き合い、緊張を乗り越えて学びを楽しめるようになったＳくん．発達，148，84-93.
早川淳子（2013）自傷行為の《理由》の理解に基づいた指導―感覚鈍麻との関連から―．発達臨床研究，31，51-58.
池畑美恵子（2009）発達障害幼児の情緒不安に関する臨床研究（１）―身体へのかかわりを介した初期段階の事例―．発達臨床研究，27，1-12.
立松英子（2009）発達支援と教材教具　子どもに学ぶ学習の系統性．ジアース教育新社.
横田千賀子（2016）重度自閉症幼児の情動に関する臨床的研究（２）―Ｃ児の外界との接点としての姿勢・身体の使い方の変容より―．発達臨床研究，34，25-34.
芳野正昭・菅井裕行・吉武清実（1995）相互信頼関係の形成と探索活動の促進を目指した教育的係わり合い：常同行動を示しコミュニケーション活動の初期状態にあった一女児の事例．特殊教育学研究，32（５），69-73.

第 4 章
II層 知覚の世界の発達理解と支援

　感覚と運動の高次化発達ステージにおけるII層 知覚の世界は、臨床像の幅も広く、その経過も一様ではない。認知の育ちとともに、要求や拒否など対人的、情緒的課題も大きくなりやすいため、発達理解や支援方法の整理が求められている。本章では、II層の臨床像とともに、実践で中核となるテーマは何か、5つの基礎課題を挙げ、支援の手立てを考えていきたい。

1　II層 知覚の世界とは

　感覚と運動の高次化発達ステージではII層を知覚の世界と呼び、さらにパターン知覚水準と対応知覚水準に分けている。初期感覚受容が優位なI層に比べ、II層は視知覚や聴知覚が育ち、見分けたり、聞き分ける識別的な外界の把握に近づく（**図12**）。視覚や聴覚で始点−終点を理解するようにもなる。その結果、①外界からの情報の多くを視覚や聴覚を通して把握できるようになること、②運動表現も、視覚や聴覚に同調したり、調節しやすくなることが特徴である。まだ知覚レベルでの外界把握であり、見てわかることは増えるが、見えないこと、すなわち間接的、象徴的なレベルでの理解は未獲得または芽生えの段階である。聴覚についても、

感覚と運動の高次化発達ステージ

I層 初期感覚の世界	感覚入力水準	感覚を介して 外界へ向かう	発達の基盤
	感覚運動水準		
	知覚運動水準		
II層 知覚の世界	パターン知覚水準	物を介して 人と向き合う	
	対応知覚水準		
III層 象徴化の世界	象徴化水準	人を介して ことばを拡げる	発達の拡がり
IV層 概念化の世界	概念化1水準	ことばを介して 考える	
	概念化2水準		

48

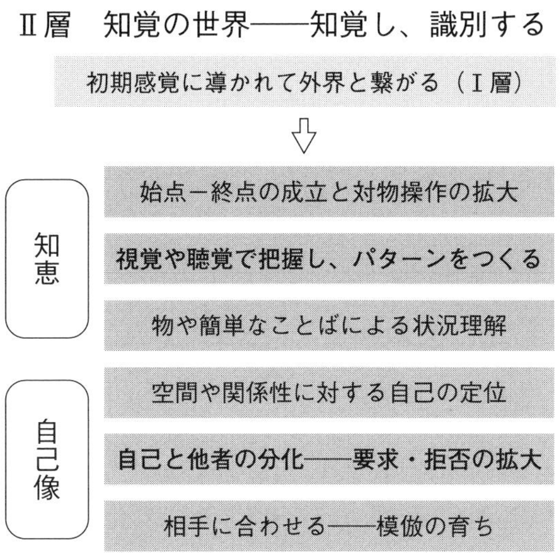

Ⅱ層　知覚の世界——知覚し、識別する

初期感覚に導かれて外界と繋がる（Ⅰ層）

⇩

知恵
- 始点－終点の成立と対物操作の拡大
- **視覚や聴覚で把握し、パターンをつくる**
- 物や簡単なことばによる状況理解

自己像
- 空間や関係性に対する自己の定位
- **自己と他者の分化——要求・拒否の拡大**
- 相手に合わせる——模倣の育ち

図12　Ⅰ層からⅡ層の育ちのポイント

豊かなことばの世界に入る前段階であり、音や音楽を聞き取り、そこに運動を合わせるなど、聴覚的な気づきが明確になる段階である。

　認知の育ちに伴い要求や拒否が明確になるなど、自己と外界の分化もすすむ。要求や拒否に加え、パターン的な理解が強い段階では、新規な場面や変更に柔軟に対応しにくいことも重なり、Ⅱ層は自己像・情緒に対する支援も重要な柱となる。

（1）Ⅱ層の横の拡がりを捉える視点の重要性

　Ⅱ層の子どもは、教材を用いた指導機会がある程度保障されれば、弁別・マッチングを中心とした認知は伸びていく実感をもつ。しかし、弁別・マッチング学習の先にある支援テーマは何か、その見通しがないまま、課題を上に引き上げる指導が重視されると、むしろパターン化を強めたり、理解のアンバランスを拡大させる可能性もある。あるいは、Ⅱ層の本質である前言語段階という特性を指導側が十分に理解せずに、直線的にことばの世界に引き上げようとすることも同様の課題を孕むと考えられる。

　Ⅱ層からⅢ層に向かう過程では、象徴機能の獲得が大きな発達の節目となる。その節目を見据えると、Ⅱ層の指導では上へ上へと引き上げるばかりではなく、獲得した力をより安定した外界とのかかわりに導く〈横への拡がり〉を支えていきたい。具体的には、弁別・マッチングの先にある"意味の形成（57ページ）"に向けて少しずつステップを上げていきながら、同時にわかる学習・教材を介して三項関係の基盤を丁寧に拡げていくことである。対物認知と対人相互性を柱にしたこれらのかかわりは、年単位でその変容が見えることも多い（池畑, 2000）。十分な時間をかけて、Ⅱ層の成長を見ていきたい。

（2）Ⅱ層の育ちの幅に対する理解

　Ⅱ層の子どもの臨床像は、対物、対人への志向性や感覚レベルでの受容域の幅、情緒的安定度といった側面にかなり幅がある。臨床経過や予後にも幅があり、発達に合ったかかわりで安定的に伸びていく事例と、当初の予想より経過が複雑で、支援仮説が立てにくくなる事例があるように思われる。つまり、Ⅱ層はより丁寧な実態把握が必要であり、経過の中でも折に触れ実態把握を再検証しなければならない。学習教材は活用しやすくなるが、育ちの幅を想定しさまざまな観点から課題や目標を見直すことで、ようやく支援が軌道に乗るといえよう。Ⅱ層は発達のヨコの拡がりを意識し、かつ個々の経過の幅（変化した側面と変化しにくい側面）を見極めながら長期的な育ちのプロセスをおさえていくことが求められている層である。

　かかる観点から、改めてⅡ層とはいかなる水準であるのか、中核テーマの明確化と実践課題の整理を本章の目的とする。

2　Ⅱ層 パターン知覚水準

　この水準では、パターンの形成を通して外界とかかわる傾向があり、生活や学習場面での理解の幅はまだ狭く、柔軟性に乏しい。この点をかかわり手が理解した上で、少しずつパターン化した行動に揺らしをかけ、他者に合わせたり応じる楽しさを育てることが中心課題となる。

　パターンの形成は、時に「こだわり」と表現されるが、発達的には「パターン化を通して外界とかかわり始めた子どもなりの適応表現」と見ることもできる。あるいは「そうせざるを得ない認知的、心理的状態」として受け止め、その狭い理解の中で繋がりをもつ方法を模索せざるを得ない場合もあろう。パターン化はともすると問題行動とみなされるが、むしろ丁寧に理

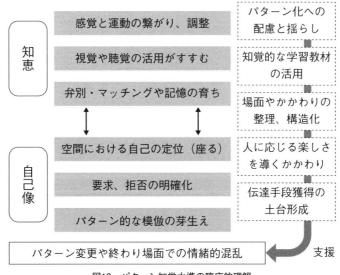

図13　パターン知覚水準の臨床的理解

解し、パターンを活用し展開していくことで、発達全体の育ちが促される。特にⅡ層では、記憶や弁別、マッチングなど認知の育ちがあり、視覚や聴覚を活用した学習展開の素地はあると考えられる。そのため教材学習の成立を柔軟性獲得やコミュニケーションの足がかりにしていくことが、パターン知覚水準からの指導展開の核となる（**図13**）。

（１）手の操作性の育ちと手段の形成

　物に対する能動的な操作は拡大し、Ⅰ層で示したさまざまな感覚教材に対しても、Ⅱ層ではより意図的に操作し、持続して遊ぶ傾向にある。手指操作では、つまむ・積む・指先で押す／すべらすなどいくらか調節ができるようになる。ばちやハンマー、太いペンやスプーンなどの道具操作も、目的に合わせて使うようになる。しかし、まだ完全に視覚で運動を調整することは難しく、大きな運動を起こそうとすると目が離れたり、調節が難しくなることも多い。楽器操作でも、打面の小さい打楽器より和太鼓のように打面が広く固有感覚のフィードバックのある打楽器の方が叩きやすいようである。ペン操作も、溝のガイドを用いることで始点から終点へ運動を調節しやすくなり、徐々に溝を浅くするステップが考えられる（**写真10**）。

　箱から玩具を出し、スイッチを入れるなど2～3つの手段が繋がるようになると、物での遊びは成立しやすくなる。ただし、椅子と机を使用するなど安定した姿勢が作れないと自発的な遊びが持続しにくいこともある。自由に遊ぶことがパターン知覚水準では難しいことが多く、自由遊びに必要となる手段の活用やイメージの力は次の対応知覚水準あるいは象徴化水準にならないと発揮されにくいことが多い。従って、パターン知覚水準では、遊びや学習の中で子どもが力を発揮する上で最適な場面や環境を考慮することが重要である。

（２）位置記憶の成立

　記憶の学習では、3種の位置記憶（**写真11**）はほぼ成立する。これは左右・上下の空間認識と関連しており、型はめの弁別でも3種の見分けは正確に、洞察的に見分けられるようになる。臨床的には、ダウン症の子どもの中に、位置記憶や3種弁別の学習段階で初期的な反応や

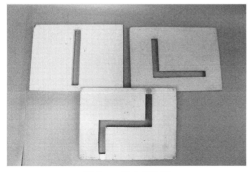

写真10　溝なぞり板

写真11　位置記録

写真12　具体物マッチング

写真13　浅はめ込み

写真14　2 × 3 はめ板

試行錯誤が続く事例が少なくない印象をもつ。3 種の見分けや位置記憶が達成域ではあるものの、試行回数後半で誤答がある、両手を使いやすい、はめた後で再び取り出すなど終点操作が多い傾向である（池畑，2016）。

（3）視知覚の基礎──見分け・見比べを通した外界把握

　パターン知覚水準では、物と物の関係理解がすすみ、はめ板や具体物を中心に、見分ける力や〈同じ＝マッチング〉の理解が育ち始める。教材学習では、3 ～ 4 種程度の具体物同士のマッチング（写真12）や、具体物と切り抜き写真のマッチング（写真13）、2 × 3 程度のはめ板弁別（写真14）の通過が目安となる。いずれもトレーに入れる、枠にはめるなど終点が明確な学習スタイルが応答を引き出しやすい。また、この終点に向かう操作が子どもと指導者との「行動による対話（恩田，2013）」を可能にしていく。つまり弁別教材を介して指示を理解したり応じることが、後のやりとりの足場になるといえる。

　ただし、パターン知覚水準では、はめ板課題が一見達成しているようでも、よく観察するとまだ目の使われ方は瞬間的で、試行錯誤を伴うことも多い。物に対して両手が出やすく待つことが難しいなど、〈ここに留まって向こうを見る〉静観的認識に課題を示すことがある。学習場面でできることは一見増えていても、生活場面や集団では刺激に振られやすいなどの姿が見られる場合、改めて見分ける力を丁寧に育て、静観的姿勢を高めていきたい。また、パターン知覚水準では学習全体がパターン的な取り組みになりやすい子どももいる。適宜教材を変えたり、後述する提示方法のステップ化により、丁寧に見分ける力を育てていきたい。

（4）聴覚受容と運動の繋がり

　繰り返された特定の曲やことばに関心を示し始める。中には、場面と対になる習慣的な言語指示には動作で応じる姿が出てくる場合もある。楽器操作では、スリットドラムやドレミファベルなど音色の異なる楽器に興味を示し、さまざまな場所を叩いて音の違いを確かめるようになる。音楽の始まりと終わりも意識され、曲の終わりを予想して動きを止めたり、子どもの楽器操作にテンポを合わせて伴奏をするとそれに気づく様子も出てくる。繰り返された曲であれば、歩く・走る・止まるといった行進活動もテンポに合い始めるなど、聴覚と運動をつなぐ活

動が展開できるようになる。

　Ⅱ層では、場面の切り替えや行動調整の手がかりに音・音楽が活用できることも多い。例えば活動の開始や終了で決まった歌を用いることで、場面理解を促進させたり、活動に合わせて短いフレーズの歌をつけるなどである。パターン的な理解ではあるが、ことばのみの指示よりはるかに伝わりやすくなることが多い。

（5）模倣の芽生えがもつ意味

　模倣の表出は、前言語期の重要なコミュニケーション行動である。パターン知覚水準から芽生えがあり、見分ける力の高次化や身体イメージの育ち、対人的な志向性などが絡み合いながら、模倣の獲得に至る。障害のある子どもにとって、模倣の獲得やその拡がりは発達の転換点の１つであり、Ⅰ層の終わりからⅡ層、あるいはその先のⅢ層以降においても重要な支援テーマとなる。

　模倣の発達は先にも述べたように、さまざまな要因が絡み合うが、それらを整理すると大きく６点指摘できる（**表5**）。認知的要因と合わせて、何より人を見る、人がしていることをする〈自他の気づきと分化〉が模倣獲得へと押し上げる大きな要因といえる。模倣を獲得していない子どもに必要なことは、模倣そのものの指導ではなく、身体・姿勢の保持と静観的認識、物を介して他者に応じる力など、さまざまな側面からのアプローチである。

　自閉スペクトラム症児の模倣獲得には課題が大きいことが指摘されてきたが、Ⅱ層　パターン知覚水準から苦手ながらも模倣は出てくることが多い。しかし、繰り返してきた活動を見た通りに真似ていることも多く、合わせる楽しさが育つよう丁寧に取り組みたい。教材例を**写真15**に示す。

　宇佐川（1998）は、臨床事例の分析により障害のある子どもの模倣は、視覚模倣、聴覚模倣いずれの場合も、段階を追って育つことを見出している。

表5　模倣獲得の発達要因

- ・静観的認識
- ・視覚や聴覚による弁別，記憶
- ・身体自己像
- ・合わせる楽しさ
- ・運動の調節
- ・自他の分化

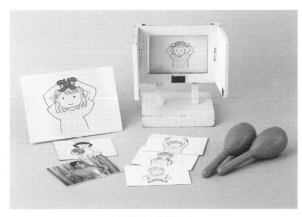

写真15　模擬活動

①芽生え段階

　近距離で対面した場面で繰り返し提示する〈学習開始の挨拶〉や指先の動きでマカトンサインなどを瞬間的に真似る段階。目の前の見える動きの範囲で相手に気づき始める。

②一方出し段階

　繰り返した模倣活動に対し、本人の気が向いた場面で模倣を再現する段階。集団で皆と一緒に真似ることは少ないが、刺激の少ない落ち着いた場面で、1 人で手遊びの一部を再現的に模倣する。

③パターン模倣段階

　繰り返した模倣活動を、その順序通りに真似ることができ始める段階。簡単な身体模倣活動や手遊びに応じるようになるが、特定の活動場面に限定されていたり、手遊びの一部変更には対応しにくい。

④対応模倣段階

　繰り返しの模倣活動の一部変更にも対応でき、新しい模倣活動を導入してもスムーズに真似をするようになる段階。

⑤象徴模倣段階

　リトミック活動など、イメージ表現が含まれる模倣を楽しめたり、参加できる段階。

　パターン知覚水準は、上記の発達段階でみると①〜③を行きつ戻りつしながら模倣表出の基礎を育てていく時期である。

（6）要求－拒否や終わり、パターン化をめぐる葛藤の拡大

　認知の育ちとともに、自己と外界の境界が少しずつ明確になることで、好き嫌いも明確になる。Ⅰ層の拒否は感覚的・生理的要因が中心であるが、Ⅱ層は拒否の対象が明確になり、意図的、選択的拒否の段階に育っていく。パターンを形成しやすいことと相まって、受け入れ可能な事態とそうではない事態の差が大きくなるのもパターン知覚水準の特徴といえる。応じられる場面もあるが、一方で著しく抵抗を示したり他者の介入を拒む場面も増え、どこまで拒否を受け入れるかなど、判断が難しい場面は増える。しかし、先にも述べたようにパターン化やこだわりは、問題視するよりも、一旦は子どもなりの適応の姿と理解し、安定した外界の枠組みを保障したい。つまり、わかる・できることの提供と子どもの体験世界への共感である。その上で、教材を介した場面でパターンを揺らし、折り合いを目指す介入が必要となるであろう（図14）。この問題については、後述する情緒問題に対する指導者の構えでも取り上げたい。

　パターン知覚水準での拒否やパターン化は、場面や指示がわからない・見通せない不安がその本質である。好きなことの幅が狭いため、結果として提供される活動に参加しにくいことも多い。拒否やパターン化した行動の低減そのものに働きかけるより、対物的にも対人的にも受け入れ幅を拡げることを支援課題とした方がよい場合も多い。教材を介したかかわりは興味関

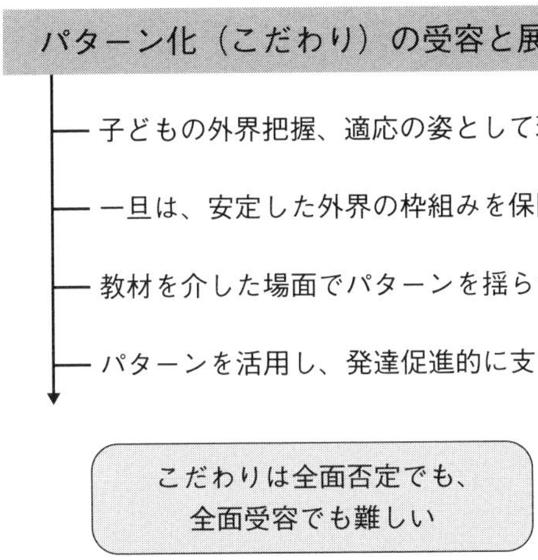

パターン化（こだわり）の受容と展開

— 子どもの外界把握、適応の姿として理解

— 一旦は、安定した外界の枠組みを保障

— 教材を介した場面でパターンを揺らす

— パターンを活用し、発達促進的に支える

> こだわりは全面否定でも、
> 全面受容でも難しい

図14　パターン化への対応の整理

心を拡げ、やりとりの足場を形成する有力な機会となるが、そのための教材レパートリーは相当数必要となることも事実である。また、教材の活用方法自体も柔軟に展開する必要がある。中には教材を見せただけで拒否を示す子どももいるが、終点を明確化したりするなど具体的、直接的な情報で理解を助けながら、少しずつかかわりに変化をつけ、結果として受け入れ幅を拡げていくことを目標とする。

　好き・嫌いを巡る拒否に関連して、活動の終わりや場面の切り替えで情緒的混乱が起きやすい子どももいる。終わりの場面を巡る子どもの姿を臨床的に整理すると、以下のような傾向が見えてくる。

① 子どもが決めたタイミングで終わることが多く、他者がつくる終わりには納得しにくい場合
② 終わることへの葛藤が大きく、姿勢や情緒の崩れとともに、嫌がりながら手放すなど満足して終わることが難しい場合
③ 箱を見せればすぐに終わりにするものの、本人の意思が読み取りにくい場合

　いずれも、相手に合わせていく姿勢の育ち（①②）や自己の育ち（③）に課題がある。活動や学習課題にどう向かうかだけではなく、〈終わり〉にどう折り合えるようになるかが、パターン知覚水準のコミュニケーション課題の１つといえる。

3　Ⅱ層　対応知覚水準

　対応知覚水準になると、目や耳から情報を得ることは一層上手になる。人との関係のもち方も変わり、物を介したやりとりと模倣の育ちにみる相互的な関係性の芽生えが特徴となる。パ

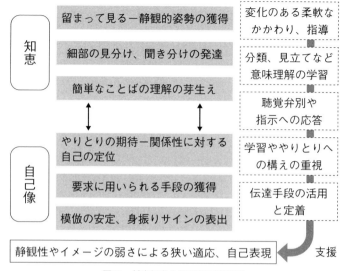

図15　対応知覚水準の臨床的理解

ターン的で固い外界の把握が少しずつ柔軟になり、新しい場面への対応性も増すことで、遊び
の拡がりや吸収力の伸びが実感できる段階である（**図15**）。パターン知覚水準に比べ、柔軟な
処理ができ、人に応じられる場面の増加が大きな特徴といえる。ただし、どのような場面で
も、誰とでも柔軟に対応できる段階ではない。そのような応じ方は、次のステージである象徴
機能の獲得と拡がりを待たなければならないが、教材を介した課題学習を対面コミュニケーショ
ンの機会と捉え、その中で具体的なやりとりを重ねていくことは、柔軟性獲得に大きく貢献
すると考えられる。とりわけ対応知覚水準は、課題学習の内容や達成度も上がるが、できるこ
との羅列に終始せず、学習を通して「やわらかさ」を獲得することの意味を重視したい。

（1）視知覚の高次化と静観的姿勢の育ち

　視覚的な認知の育ちとして、細かい部分を正確に見分けたり、相手（見本）に合わせて構成
することがスムーズに行なえるようになる。位置把握（**写真16**）や、空間構成（**写真17**）な

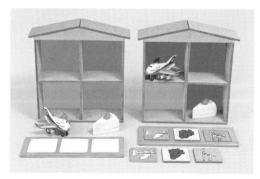

写真16　位置把握

写真17　空間積木見本合わせ

どは、はめ板や絵カードでの1対1のマッチング学習が十分に育った後の段階で、柔軟に取り組んでいきたい。課題以外でも以下のような臨床像の中に、視知覚の高次化をみることができる。

①対人的な「間」の育ち

　　教材を前にした際、すぐに手を出すのではなく、一寸待つことができるようになる。自己と他者に「間」が育ち、物を介した相手の意図に気づき始めると考えられる。これは追随凝視課題を実施した池畑（2006）にも示されている。

②ポインティングによる応答の芽生え

　　整理された学習場面の中では、セラピストからの応答要請に応えたポインティングが表出されるようになる。要求選択も写真カードを指し示すことができるようになるなど、指さしに意図が繋がり始めるのが対応知覚水準前後である（池畑，2008）。

（2）知覚から意味の形成へ

　パターン知覚水準では、形や色、大きさなどを知覚的に把握し、識別する学習を通して外界の捉えが育つ段階であるが、対応知覚水準では、知覚的に刺激と刺激をマッチングするだけではなく、刺激の意味を把握する学習に拡げていく。例えば、写真や絵カードが具体物や具体的状況と一致し、さらに代表性（**写真18**）や属性（**写真19**）で写真や絵カードを分類できるようになれば、知覚的なマッチングの世界から意味の世界へ入りつつある姿といえる。見立て行為の出現や身振りの理解と使用なども意味の世界への入り口に来たと考えられる。

（3）聴知覚の発達とことばの理解の芽生え

　対応知覚水準では、聴覚と運動の協応や聴知覚の発達も一段とすすむ。音楽に合わせた行進や、音楽のテンポや強弱の変化に合わせて楽器を鳴らすことができるようになる。聴覚的な弁別も、楽器や曲を聞き分けて絵カードを選択できたり、整理された場では名詞を中心に絵カー

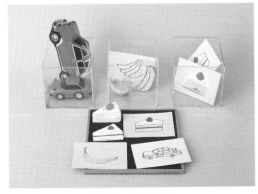

写真18　代表性分類

写真19　属性分類

ドの選択やポインティングが確認できるようになる。それまでにも、日常的な指示を理解している様子は動作レベルで確認できることがあるが（例えば「座って」と言われ椅子に座るなど）、確実な理解言語の評価としては、「○○はどれ」と指示され、子どもが指さしやカード選択で応答できることが条件である。この応答行動のスタイルや安定度までを含めて理解言語を評価することが、対応知覚水準では重要である。

　実践現場におもむく中で、聴知覚に関連し 2 つの課題を感じてきた。1 点目は、理解言語の有無やその内容・レベルについて、思いのほか正確な実態把握がなされていない点である。〈日常的な指示はことばで理解できる〉と評価される場合でも、日常の文脈から離れた場面で、指示に対応した応答行動が成立するかどうかは別である。特に自閉症児の言語形成は、子どもが自発的に命名できても、尋ねられた場面（○○はどれ？）では応答が不確実になるなど、記号認識と文脈認識に乖離がみられることが指摘されている（中嶋，2006）。そのため少なくとも発語レベルだけで言語能力を評価することは不十分な実態把握であり、理解言語の内容・レベルや応答の確実性など多角的に評価をする必要がある。また、仮に理解言語をもたないと判断する場合でも、理解言語獲得の認知的前提となる視覚的マッチングの理解や属性分類の達成度を確かめることで、その後の指導方針を整理できるであろう。

　2 点目は、実際の指導場面では、はめ板など視覚マッチング系の学習に比べ、聴覚系の学習はあまり取り組まれていない点である。これは視覚的な学習の方が教示が容易であることが大きいであろう。しかし、ことばの理解や発語形成に向けて、音や音楽、ことばの聞き分けといった聴知覚を育てる活動も学習として重要である。音や音楽に気づき、そこに運動表現を合わせていくことや、自ら楽器を鳴らし、音のさまざまな性質を発見するなど、音や音楽の受容と表現を拡げる活動も重視していきたい。

（4）模倣の安定と関係性の変化

　対応知覚水準になると、新しい模倣活動にもわかりやすい動きの範囲であれば即時に真似て、応答する姿が見られるようになる。模倣活動自体を楽しむ様子も、特徴といえる。模倣が豊かになるということは、身体像の形成とともに、場面や状況を見て理解する力も育つ。臨床的には対応知覚水準以降で場面への予測的対応がとれるようになる子どもが多い。少人数であれば短時間待てる、場面変化での混乱が減少するなどである。教材を前にしても、指導者の教授行動を一寸待てるようになるなど学習への構えが育つことも、場面への予測的対応といえる。これらは単に繰り返しの中で身につくというよりも、人や状況に対し"間"が形成されることがその本質であろう。

　即時模倣段階まで育ってきた子どもは、指導者や他児の動きを手がかりに集団参加も促されていく。集団で 1 番にやらせると難しいことも 2 番以降に呼ぶと落ち着いてできる、大人が遊びやことばのモデルを意図的に示すなど、模倣による吸収力がさまざまな場面で発揮できるよう指導を工夫する。

模倣の育ちと“間”の形成という２つの節目を超えてくると、大人との関係性も一段階すすむ。物や簡単なことばを介して大人に応じられるようになり、大人とであれば三項的な遊びも成立しやすくなる。情動表現も、相手の表情や人を見て振る舞いをかえるなど、他者を意識したものに変わり始めることが多い。相手の反応を見て意図的に拒否をするような、からかい行動が始まるのも対応知覚水準からが多い。からかいへの対応は基本的に、子どもと指導者との心理的距離を見計らいながら、低刺激、低感情で調整を促すことが原則である。同時に物を介して応じる力を育て、からかいではない肯定的な他者とのかかわりの手段や遊びを育てていくことが重要である。

4　Ⅱ層の自己像・情緒の育ち──その読み取りと向き合い方

　Ⅱ層は、視知覚や聴知覚の育ちに伴い、意図的、目的的行動が確かなものとなる。その対象は物だけでなく、人に対するまなざしや要求の向け方、応答性の変化も含むものである。これらはとりもなおさず、自己と外界の分化を意味するが、実践上はことばで自己を表現しにくいⅡ層の子どもの自己像は捉えにくいのではないだろうか。活動参加や適応行動の拡大など行動レベルに焦点が当たりやすく、自己像という内面世界の育ちは見落とされやすいと考えられる。本節ではⅡ層の自己像の育ちを示唆する具体的な姿は何か、何を手がかりとして理解できるのか、感覚・身体を軸にした自己像の育ちと、関係性を軸にした自己像の育ちの２つの側面から整理したい。

（１）感覚・身体を軸にした自己像の育ち

　まず、感覚・身体に着目すると、Ⅱ層では手指や粗大な運動が少しずつ調節的になり、対象に合わせた操作や動きが組み立てられるようになる。目と手の協応や運動の始点－終点の理解も育つことで、意図的、目的的な外界とのかかわりになっていく。この点はⅠ層とⅡ層の発達における質的差異の１つである。集団活動も、始点－終点を極力わかりやすく設定すれば、自ら向かえる場面が増えていく。例えばサーキット活動のような場面でも、Ⅰ層は個々の遊具から得られる感覚刺激に応じた姿勢変化が中心であり、気に入った刺激があればそこに留まることも少なくない。ところがⅡ層になるとサーキットの始点－終点の枠づけに沿ってすすむことが上手になる。むしろ枠づけがないと遊びが成立しにくいという課題はあるが、少なくともⅡ層では身体や姿勢変化に気づけるようになり、運動を外界に合わせ調節する力が育つこと、この姿に自己像の育ちを見ていくことができるであろう。関連して、特にパターン知覚水準からは、着席姿勢の安定と自己像を関連づけて理解することも重視している。椅子に座れるようになること、さらに自ら椅子に向かうようになることは、行動の落ち着きという以上に、空間における自己の定位を確かなものにする。自己の身の置きどころが定まらない、居場所が確定できないことは情緒不安に直結しやすく、他者と向き合う関係性の基盤形成にも影響が大きい。

空間における自己の定位の育ちを実感したエピソードを紹介したい。

事例エピソード ──────────────

　多動傾向が強く、支援開始当初は数分でも座ることができず、感覚刺激を求めて動き続けていた事例である。集団、個別とも興味を示す刺激素材や楽器などを中心に着席姿勢の保持を促し、短時間の設定から指導を開始した。セラピストは後方または側面に位置し、下肢や上体に触れながら姿勢保持をサポートした。半年程すると、来所後一旦は椅子に向かえるようになり、セラピストが上体を支える腕によりかかるなどしながら 5 〜 10 分程度着席し教材にかかわれるようになった。1 年半後の集団活動では、本人が好まない活動場面で、怒り出したり走り回るのではなく、自らその場を離れ自席に戻り、着席しながら終わりを待てるようになった。

（2）関係性を軸にした自己像の育ち

　他者との関係性に視点を移すと、Ⅱ層では大きく 2 つの側面から自己像の育ちを捉えることができる。

　1 つは、視覚や聴覚の使い方が上手になり、外界への能動性が高まる中で、子どもの"意図"も次第に明確化する。その表現として、要求を中心に特定の手段が芽生えてきたり、特定の他者とパターン的なかかわりを求めたり反応を期待するようになる（パターン知覚水準）。さらに対応知覚水準になると、要求表現はより明確になり、やりとり（遊び）への期待や他者を意識した情動表現も豊かになる。もちろんこれらは、子どもの内的状態を読み取り、機を逃さずやりとりを展開するかかわり手の支えがあることが前提である。

　2 つには、視覚や聴覚を活用したさまざまな学習が展開できるようになることで、人と向き合う姿勢や自己と相手に"間"がつくられることが、自己と他者の分化を促す。〈真似る・待つ・応じる・終わりにできる〉学習の構えも、自己像の育ちと重ねて理解していきたい。他者に要求や期待を向けていくことと、他者に向き合い合わせていくことの 2 つの側面で自己像を捉えていくことは、次のような指導と関連する。

（3）簡易な方法でのコミュニケーションの保障

　要求と拒否が表裏一体に育つ中、それらの内的な揺れを外に向ける伝達手段の形成が課題となる。Ⅱ層では、できるだけ簡易な方法を保障し、まずはパターン的であっても何らかの手段を定着させていくことが重要である。

　パターン知覚水準に入り始めると、基礎的な弁別や物と物の関係理解が育つことで、物を媒介手段とした要求表現が出始めることが多い。コミュニケーションにおいて重要度の高い"終わり"の伝達も、押し返したり、その場から離れたりではなく、適切な終点を示すことで伝達

写真20　終わりボックス

写真21　要求表現のステップ

行動として意味づけていく（例えば、**写真20**）。また、場面設定が適切になされれば具体物や写真カードでの選択要求が成立し始める。ただし、"欲しい方を選ぶ"という意味が伝わるのは、通常考えられるより細かなステップを要する。なぜなら写真カードの視覚弁別と意味理解に加えて、媒介物を相手に渡すなり指し示すことの理解が求められるためである。特定の強い要求がない場合も選択の意味が定着しにくい。そのため、伝達手段の指導開始段階では子どもに合わせて細かく方法を工夫する必要がある。手始めとしては、実物をアクリルボックスに入れ、ボックスを叩くことで要求を示す。選択肢は2種から始め、一方を子どもが確実に欲する物、もう一方はほとんど要求しないであろう物など差を大きくする場合もある。写真カードだけではなく、理解に応じて切り抜き写真やよりコンパクトな写真カードなど、段階的にすすめていきたい（**写真21**）。臨床的には、玩具よりも曲の選択の方が早く意味を理解する子どもも多いため、歌を活用すると選択要求の幅を拡げやすくなる。

（4）物を介して人に応答する・合わせる

　受け入れの幅が狭くマイペースで、人との親和性も乏しい段階では、自己像の支援はまず教材を媒介にかかわり、向き合う姿勢をつくることから始まる。〈場の共有〉として、子どもが十分わかり好む教材を用いて、まずはその場に留まれることを促し、身体的かかわりで学習達成を褒めながら（握手や手合わせなど固有覚に伝わるかかわりが有効である場合が多い）、物の向こうにいる他者に気づくよう働きかけていきたい。また、子どもの興味関心に合わせながらも、少しずつ意図的に子どもペースではなく大人の主導の中で展開することで、相手に合わせることを教えていく。以下に1つの場面を取り上げてみたい。

事例エピソード

　家庭では数々のこだわりで大人が振り回されることが多く、それまでの療育指導でも、一度気持ちが崩れるとその後すべてが拒否になることが多かったN君。出会って2回目

の個別セッションで、色電池の弁別を課題として出したところ、不快な声を出して押し返し、怒り始めた。推測するに N 君は端から順に入れたいが、筆者が真ん中の色から提示したことが原因のようであった。再度提示しようとしても、押しのけ机から落として抵抗し、机をバタバタと叩いて泣き声を出す。ここでセラピストは静かに教材を引き取り、顔を見ながら小声で説得を始める。説得といっても実際の意図は、一旦教材をなくし、場を整理した上で向き合うという意味合いが強い。N 君の怒りのトーンが少し下がり机に寝そべったところで、セラピストが手や腕に電池をトントンと当て固有覚に刺激を入れると、N 君もそれに気づき腕を伸ばして待っている。しばらく刺激を続け、おもむろに電池を 1 個提示すると、身体を起こし静かに入れる。以後、怒り出すことなく提示に応じて最後まで入れきることができた。

　この場面で N 君が、相手に応じる気持ちになったのかどうかはわからない。おそらく"しぶしぶ応じた"ということであろう。あるいは固有覚に刺激が入ったことで、"気持ちが逸れた"ことも大きいかもしれない。しかし少なくとも自分のパターン通りには物事がすすまない場面でも、爆発して終わるのではない終結の仕方ができたことは意味がある。指導者が拒否・抵抗の背景を理解しつつも、少し時間をかけてでも折り合う方向に導くことを基本的指導としたい。

5　II層　知覚の世界の中核テーマの整理と実践課題

　II層は、視知覚や聴知覚による識別と応答の成立を核とする層である。模倣の獲得という大きな発達の節目を超えることができるのも、目や耳で外界を捉え自己の運動を通して応じる姿勢が育つためである。外界の物や人に向かう手段や志向性は飛躍的に拡がるといってよいが、一方で発達の個人内差や、さまざまな適応上の課題・危機を抱えやすい段階でもある。具体的には、他者との関係性の在り方と、そこで培われるコミュニケーション手段の問題、それらが複合的に関連しあった結果としての情緒の調整の 3 点である。マッチングと弁別を土台とした学習は知恵の育ちに貢献するが、同時に対人関係とコミュニケーション手段、情緒の調整をいかに包括的に育てていくかは、教育的支援全体を通して検討すべきことである。「知恵」「自己像」「コミュニケーション手段」「情緒」がバランスよく育つことは、II層の支援で最も考慮されなければならないテーマであろう。行動上の適応だけに目が向けられていないか、パターン的な繰り返しの指導の中で実用的なコミュニケーション手段はどう育っているか、かかる観点から II層を捉え直し実践を整理したい。

（1）II層の基礎課題とは

　支援現場で対応が難しいとされる子どもの中に、II層の子どもが抱えやすいアンバランスが

表6　Ⅱ層の育ちを支える5つの基礎課題

①身体・姿勢の保有と構え
②感覚・知覚を活用し、十分に物を操作すること
③見分けや見比べ、細部の把握と全体の統合など、視知覚の育ち
④学習の構えの3要素（待てる・応じられる・終わりにできる）の形成
⑤必要場面での要求・選択を中心とした伝達行動の定着

顕在化していると考えられるケースがある。その1つの傾向は、感覚や身体・姿勢の問題が未整理で視知覚や聴知覚の基礎が未発達なまま、パターン的な行動形成がすすみ、結果として人や物に向かいにくい事例である。感覚過敏や体幹の低緊張といった身体・姿勢の問題が見落とされ、十分に目と手を使い物にかかわる経験・学習が積み重ねられていない印象をもつ。

　もう1つは、パターン的ではあるが話しことばがあり、文字や数の学習もすすんでいるが、人に対する応じ方やコミュニケーション手段につまずきや誤学習を重ねているケースである。かかわりに対して、何か滞りがあると途端に応じられなくなる、話しことばに比して必要場面での伝達表現が乏しく一方的であるなど、一見力はあるが対人・情緒の課題が大きい子どもである。

　このような子どもの姿を障害特性として理解するだけではなく、Ⅱ層の基礎課題の育ちの再評価を通して、問題の本質を捉え直す必要がある。Ⅱ層の基礎課題とは何か、**表6**にその内容を示した。5つの基礎課題には、"ことばの育ち"はあえて含めていない。Ⅱ層ではことばより前に、身体や姿勢、感覚・知覚といった基礎の育ちと物を介したやりとりの安定を重視したい。

　近年の傾向として、臨床的には感覚や身体の課題が目立つ自閉スペクトラム症児や知的障害児が増えていると感じている。例えば、20年程前であれば揺れ遊具などは子どもの要求が強く、"どう終わりにさせるか"が課題であった。しかし、近年は揺れ遊具に乗りたがらない子どもが多く、"どう乗せるか"がテーマになりつつある。椅子に座れないことより、むしろ座ったまま動き出さないことの方が気がかりである子ども、わずかな段差でも不安を示す子どもなど、かつての臨床像とは異なる面を見ることが多い。その背景を簡単に論じることはできないが、かかわりの指針としてたとえ"ことばの遅れ"が主訴であっても、まずは感覚・身体への支援を考えていくことは重要であろう。

（2）実態把握と目標設定の視点

　Ⅱ層の子どもの実態把握は、子どものどの側面に焦点を当てるかで大きく変わりうる。学習課題を例にみると、できている・わかっていると評価しても、実際にはパターン的に、特定の教材であればできるという場合がある。あるいは指導者が見本を丁寧に示す、小まめにヒントやフィードバックを与えるなど配慮の中でできている可能性も高い。ある学習課題が通過したとしても、それは能力の突出した部分であり、基礎的な学習は未学習という場合もある。つま

り単に課題達成だけに注目すると、実態把握を見誤る可能性が高い。

　Ⅱ層は始点・終点がわかり、ある程度繰り返された場面や学習には向かえるようになるが、実際には環境や物の手がかり、対人的フィードバックにより行動は揺れやすい。そのためパターンや環境配慮を支えに"できる"という意味を考えていく必要がある。実態把握では、できる・できないより、どういったでき方・できなさなのかを読み取ることが重要である。そのためには、指導者の指示や援助の在り方も細かく把握する必要がある。どのような指示であれば、あるいはどこまでの援助があれば"できる"のかを丁寧に見ていきたい。

（3）個人内差のおさえ──視覚優位と聴覚優位の把握

　個人内差の問題も、Ⅱ層の発達理解には欠かすことのできない観点である。Ⅱ層では、視知覚や聴知覚の発達に伴う知恵や自己像の育ちを重視してきたが、臨床的にはこの2つの情報処理は同じように育たず、どちらかに優位性が表れることがしばしばある。特に聴覚優位の子どもはⅡ層の自閉傾向児に多く、このタイプの子どもに特有の発達のつまずきと臨床上の課題が指摘されてきた（宇佐川，1994，1995）。

　聴覚優位タイプの臨床像は、表7の通りである。①、②については宇佐川（1995）で指摘されているように聴覚優位の典型的な臨床像といえるが、さらに臨床的に付随することの多い特徴を5点追記した。聴覚優位タイプは、発語があることで認知レベルを高く評価されていることが多いが、実態としては伝わりにくさを感じる子どもである。発語だけに注目すると、かかわり手も否応なしにことばがけが多くなるが、それが子どもの混乱を強めている場合も多い。視知覚や視覚運動協応を慎重に評価し、必要であれば目と手を使う基礎的学習に立ち返る必要がある（磯野，2017）。

　表8は、聴覚優位タイプの発達傾向を3年間の新版K式発達検査の推移から分析したものである（池畑，2017）。表8に示す通り、検査実施回を通して言語−社会領域の方が認知−適応領域よりDQ値が高い。特にⅠ、Ⅱ期は領域内での下限・上限年齢も大きく開いている。基礎的な事物操作（丸棒、瓶から出す）や前言語行動（指さし）が未獲得なまま、マッチングレベルでの理解・応答が先行していた。形を認識している、色名が答えられるなど、高い部分

表7　聴覚優位タイプの臨床像

①発語は多いが、状況にそぐわない。ことばが伝達に用いられにくい。
②見分けや目と運動の協応の発達につまずきがみられやすい。
③発語により見ることが中断したり、遮断されてしまう。見ることに集中しにくい。
④ことばでやりとりが成立しているようでも、正確には理解していないことが多い。 　親和性を感じる一方で、マイペースも強い。
⑤人の刺激に振られやすい。
⑥情動が高まりやすい。繰り返し経験している場面でもなかなか安定した参加にならないなど、独特な情緒不安を示す。
⑦全体的な能力に比べ、身辺処理の遅れが大きい。

表8　聴覚優位傾向の男児の新版 K 式発達検査2001の上限年齢と下限年齢の結果一覧

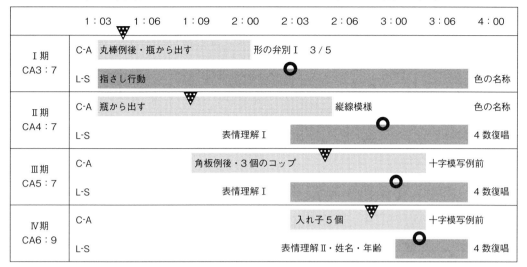

※課題名は上限、下限を定めた検査項目を意味する。▼ ○ 記号は、DA 値を指している。

だけを見ると実態を見誤りやすい時期である。特徴的反応として特にⅠ期の認知領域は、検査全体で課題の始点理解が困難であった。例えば積木の塔は評価上5個まで通過したが、積み始めるまでにかなり手がかりと時間を要した。静観的姿勢が弱く、検査道具を見ると瞬発的に積木を回転させたり、払うように机から落とし音を確かめる自己刺激も頻出した。またⅠ期は、丸棒例後や瓶から出す、はめ板回転など物と物の関係理解レベルが未通過である一方、手の運動操作が少ない弁別Ⅰは確実というアンバランスを示した。はめ板回転ではすぐに両手使用となり、正中線を超えた操作が困難であった。言語領域では絵の名称や色名などは明確に応答するが、身体部位は音声模倣が優位で一部を除き定位は困難。絵指示も絵をなでるように反応しており、意味理解はあるが発語以外での応答表現が確立していなかった。

　Ⅱ期は、指さしや応じる姿勢を獲得したことで言語領域の下限年齢が上がるが、表情理解Ⅰや大小比較など抽象度の上がる問いは、図版をよく見ず全て音声模倣で応答しており聴覚優位傾向が顕著であった。積木の塔はⅠ期同様、始点理解に手がかりを要したが、一旦積み始めると、勢いよく積み上げ崩し笑うことを繰り返した。自己流の遊び（崩す）ではあるが、手段−目的の分化や行為と情動の繋がりが認められた。はめ板回転も両手使用だが「マル、サンカク、シカク」と言いながら試行し通過した。

　Ⅲ期は、弁別Ⅱや十字模写も全て音声言語化して応答（通過）した。このようにⅡ期からⅢ期にかけ得意な情報処理（聴覚）が補助となっているが、言語化しにくい空間把握課題（角板、入れ子5個）はⅣ期でも依然、苦手であった。弁別レベルの視知覚は育ちつつあり、空間イメージと手指操作の促進が支援課題になると考えられる。

（4）整理されたかかわりと揺らしのあるかかわりのバランス

　4点目は、環境設定も含めたかかわりの基本的方向性である。Ⅱ層はある程度パターン的な見通しの保障や予測のつきやすいかかわりは必要である。大きな変更のない繰り返しの指導は、情緒の安定を支える要因の１つにもなる。しかし一方で、パターン的な繰り返しのみでは本質的課題に迫れないこともある。

　Ⅱ層は教材を介した学習場面も集団指導も、おおよそ発達に合う内容であれば繰り返しの中で、ある程度定着するようになる。しかし、この〝ある程度できる〟ことが逆に指導内容や指導方法の細かなステップ化・揺らしの必要性が見落とされ、同じような指導が漫然と続けられることになりかねない。柔軟性の獲得を目標に据え、意図的に設定やかかわりに揺らしをかけたり、学習ステップを適度に変えていくことが、Ⅱ層の指導では絶えず考慮されなくてはならない。以下、Ⅱ層以降の学習でよく取り組まれる視覚弁別の学習法を例に、学習素材、終点、教授法の３点からステップ化を示したい。

【学習素材のステップ化】

　学習素材のステップとして、具体的な刺激内容から象徴的な刺激内容へ変化をつける方法がある。**写真22**に具体物からカード系の学習教材までのステップ化を例示した。具体物⇒半具体物⇒切り抜き写真⇒切り抜き絵カード⇒写真カード（背景なし）⇒写真カード（背景あり）⇒絵カード⇒白黒絵カード⇒シンボルカード⇒見立て模倣板の10種である。写真カードと具体物の一致が未成立であれば、具体物や半具体物にステップを下げた学習が有効である。反対に写真カードが理解できているのであれば、絵カードやシンボルカードなどよりイメージ機能を必要とする学習素材にステップを上げていくことが望ましいであろう。

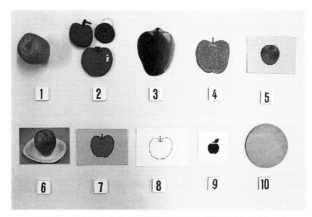

写真22　具体物から見立て模倣板までの学習素材のステップ

写真23　はめる・平面に重ねる・トレーに置く終点のステップ

【終点のステップ化】

　はめ板は、はまるかどうかという運動的手がかりがあり、最も終点がわかりやすい。そこが十分に理解できる子どもは、重ねて置くなど終点の形式を変え、運動的手がかりを減らすことも学習ステップの変更として有効である。はめ込み⇒凸マッチング⇒平面マッチング⇒ボックス⇒トレーの順で運動的手がかりが少なくなる（**写真23**）。同じ見分けの活動でも、終点を変えていくことでステップが上がる。

【教授方法のステップ化】

　はめ板などを用いた弁別学習は、教授法の整理により子どもの発達段階に合わせた学習展開が可能となる。

　宇佐川（1989）は弁別学習の教授ステップとして2段階の教授法を提示し、その後さらに3つのステップを加え、最終的に5段階の学習ステップを提示している（宇佐川，2007）。弁別学習のステップ化は、見比べる力の高次化とともに、〈教材を介して相手に応じる〉という三項的なコミュニケーションの成立を意図したものである。物を介して他者とかかわるという三項関係の基盤をはめ板教材を通して育てていくものである（**写真24～写真28**）。

（5）コミュニケーション手段の前提課題

　コミュニケーションの支援はどの発達段階でも重要なテーマであるといえるが、とりわけII

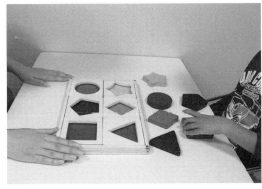

写真24　パターン弁別（ステップ1）

写真25　対応弁別（ステップ2）

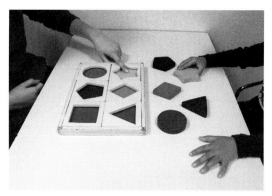

写真26　指さし対応弁別（ステップ 3 ）

写真27　対応弁別ポインティング（ステップ 4 ）

写真28　指さしー指さし対応弁別（ステップ 5 ）

層段階で「コミュニケーションとことばの基礎」がどう育つかは、支援の中で長期的に取り組みたい。将来的にどのようなコミュニケーション手段を獲得しうるかを見通したうえで、基礎から丁寧に取り組むことが重要である。この問題がしばしば見落とされる背景として、例えば子どもの未分化な発信を、慣れた関係の大人が感度良く読み取っていることで"コミュニケーションが取れている"ように思われている場合がある。問題行動が少なく、うなずきや笑顔で対処できる子どもなどもここに含まれるであろう。もちろん間主観的な表現の汲み取りはかかわりの基本であるが、一方で具体的な手段の獲得可能性を常に見極めていくことが重要である。また、自閉スペクトラム症児も近年発語のある子どもが増えており、Ⅱ層段階でも話しことばがコミュニケーションの中心に位置づけられていることに少なからず危惧を感じることがある。しかしながら、Ⅱ層段階ではことばを発することと、ことばがコミュニケーションとして機能することはイコールではない。ことばを発していても、肝心な要求はパニックなどでの表現手段しかもたない子ども、ことばがけが逆に自己調整を困難にする子どもなどは、ことばをコミュニケーション手段の中心に位置づけるかは慎重に考える必要がある。Ⅱ層は豊かなことばの世界の一歩前と考えると、発語に代わる情報理解と意思伝達手段を考慮し、身振りサイ

ンや写真・絵カード、文字、音声機器などさまざまな可能性を視野に入れた指導が求められる（池畑，2011）。

　また、絵カードを中心にした支援ツールは広く活用される傾向にあるが、これらのツールを子どもが理解し活用するための基礎となる認知の育ちについては必ずしも強調されていない印象をもつ。支援ツールの提供は容易であるが、肝心の子ども側の認知的基礎が十分に検討されないまま、形式が先に導入されうまく定着しないケースや、より高次の手段が適応できるにもかかわらず、１つの形式に留まるケースなど課題が散見される。コミュニケーション手段の指導は、①手段を理解し活用する子ども側の基礎要件の評価、②系統的な指導ステップの整理、③どのような場面・機会にコミュニケーションの可能性を見出すか、という大人側の着眼点の３要因を総合的に評価しながらすすめていきたい。

（６）情緒問題に対する指導者の構え

　Ⅱ層は自己像の育ちとともに選択的拒否やからかいの拒否が表れることで、子どもとの関係の持ち方に一定の考慮が必要となる段階である。もちろん、選択的拒否やからかいは本質的には発達段階に位置づけられるものではあるが、これらが拡大し、誤学習に発展するという長期的な影響も無視できない。子どもの拒否や抵抗をどこまで受け入れるのか、仮に著しい情緒問題を示す場合、いかなる指導者の構えが重要であるかを考える必要がある。

　情緒問題の基本的前提として、まずは発達に合わない指導や環境を見直す必要がある。先に述べた実態把握の再検討とともに、難しすぎる指導内容を一旦下げてみることで変化を確かめたい。また、Ⅱ層では生理的最適性や感覚の特異性も無視できない要因であることが多い。そのような生理的、感覚的混乱は、深追いせず環境調整を最優先に検討する必要がある。ステップを下げ、混乱要因を除外しながら、一方で意図的、積極的な介入場面を検討することも重要である。情緒問題の大きい子どもほど、問題の後追いに終始せず、どこでコミュニケーションの機会をつくり、どのように向き合う姿勢をつくるかを常に考えていく。時には、一歩踏み込んだかかわりも求められている。そのためには、子どもが確実に取り組める活動、接近しやすい関係性を丁寧に探る必要がある（辰巳，2015）。

　関係性の在り方を支える指導者のかかわりの姿勢も、重要性が高い。情緒問題に対して過剰に予防線を張る必要はないが、基本的には行動問題に先回りして対応する姿勢は求めていきたい。また、行動修正を強く迫る指導や問題の深追い、指導者の焦りといった子どもの心的状態への配慮不足も逆効果である。無配慮に"頑張らせる指導"も、多くの場面で問題悪化の要因になるであろう。しかし一方で、子どもの自発に任せ、追従するだけでは関係性の成立は期待できない。子どもの行動の背景にある発達的意味をおさえ、共感的理解を基本としながら、同時に適度な抵抗感のあるかかわりの重要性を強調したい。

　具体的には、子どもの欲求に時に指導者が適度な壁となり、欲求を要求へと導くこと、〈今・すぐに〉ではなく〈次・あとで〉を子どもが納得できる範囲で教えていくことを意識す

る。その伝え方として、直接的、明示的な指示が良い子どももいるが、臨床的には逆に間接的に、さりげない制止や指示の方が伝わる子どももいる。不適応を適応へ向けていくのではなく、不適応に至る前の段階で子どものサインを読み取るなど、かかわり手の配慮で情緒問題を避け得る場面も多いであろう。

　いずれにしても、情緒問題はその背景にある発達のアンバランスや未学習、誤学習を精査することが対応の第 1 歩である。その上で、環境を見直しながら、適度な抵抗感のある関係性を目指し向き合っていきたい。

文献

池畑美恵子（2000）自閉症幼児の前言語機能の発達に関する症例研究—対物認知と対人相互性の 2 つの視点による分析—．発達臨床研究，18，67-84.

池畑美恵子（2006）発達障害児の追随凝視に関する検討．日本特殊教育学会第41回大会.

池畑美恵子（2008）障害幼児のポインティングに関する発達臨床的研究（1）．発達臨床研究，26，1-13.

池畑美恵子（2011）前言語段階にある自閉症児の視知覚と聴知覚の統合過程　文字指導から話しことばを獲得した一事例の検討．発達臨床研究，29，1-12.

池畑美恵子（2016）ダウン症幼児の視覚的注意の操作性—弁別と記憶学習における達成評価から—．日本特殊教育学会第54回大会.

池畑美恵子（2017）聴覚優位傾向を示す自閉症児の臨床像把握—新版 K 式発達検査の分析から—．日本特殊教育学会第55回大会.

磯野浩士（2017）実態把握と支援仮説を見直した中学部の事例．発達臨床研究，35，37-45.

中嶋理香（2006）自閉症幼児における応答の指さしと言語獲得．神戸大学発達科学部研究紀要，14（2），31-39.

恩田智史（2013）自閉症幼児の外界志向性と行動による対話．発達臨床研究，31，1-10.

辰巳南薫子（2015）激しい自傷、他傷行為を、教材を使った学習で乗り越えていった A くん．発達臨床研究，33，61-70.

宇佐川浩（1989）感覚と運動の高次化と自我発達—障害児臨床における子どもの理解—．全国心身障害福祉財団.

宇佐川浩（1998）障害児の発達臨床とその課題—感覚と運動の高次化の視点から—．学苑社.

宇佐川浩（2007）感覚と運動の高次化による発達臨床の実際．学苑社.

第 5 章
Ⅲ層 象徴化の世界の発達理解と支援

　Ⅲ層 象徴化の世界は、イメージとことばの育ちを通して、外界を意味づける段階である。象徴機能の獲得により、直接見たり、聞いて理解していた世界から、しだいに今知覚しているもの（意味するもの）で、そこにないもの（意味されるもの）を呼び起こし、それに代わる働きをさせる機能が働くようになる。ピアジェ（Piaget, J）はこれを象徴機能と呼び、1歳半から2歳頃の発達の重要な節目と意味づけている。

　発達につまずきを示す子どもにとって、象徴機能の獲得は大きな転換点になる。遊びの内容が変わり、新しい場面でも状況予測がつくようになることで、情緒も安定しやすくなる。何より象徴機能を基盤として言語形成がすすむことで、直接目の前にないこともことばで表現し伝えたり、思い浮かべて理解できるようになる。Ⅱ層 知覚の世界では写真カードと具体物の一致にみるようなA＝A'という直接的な対応関係であるが、Ⅲ層はA＝Bにも見えたり（木片が食べ物）、BでCのつもり（料理をするお母さん）になるなど、子どもの視点で文脈を作り、表現できるようになる。外界を知覚的に識別する世界から、ことばやイメージによる意味づけの世界へ向かうⅢ層の姿と、支援の中で何に焦点化するか、ことばをめぐる課題を整理したい。

感覚と運動の高次化発達ステージ

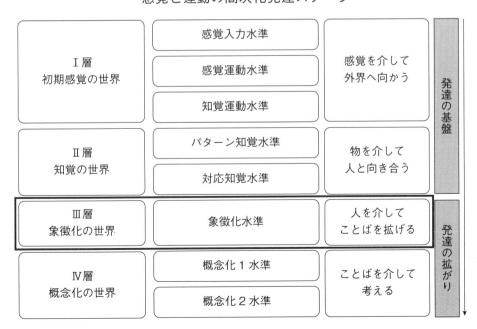

Ⅰ層 初期感覚の世界	感覚入力水準	感覚を介して外界へ向かう	発達の基盤
	感覚運動水準		
	知覚運動水準		
Ⅱ層 知覚の世界	パターン知覚水準	物を介して人と向き合う	
	対応知覚水準		
Ⅲ層 象徴化の世界	象徴化水準	人を介してことばを拡げる	発達の拡がり
Ⅳ層 概念化の世界	概念化1水準	ことばを介して考える	
	概念化2水準		

1　Ⅲ層　象徴化の世界とは

（1）象徴機能の獲得が意味するもの

　象徴化の世界では、目や耳で運動を調節することや模倣、記憶も一層安定した力となる中で、知覚した情報をイメージやことばで間接的、象徴的に捉えることができるようになる。直接的、具体的な世界（Ⅱ層）から、間接的、言語的な世界（Ⅲ層）に拡がることを意味する。

　感覚と運動の高次化という点では、目や耳は一層調節的に使われる。視知覚と聴知覚がバランスよく育つことが、象徴機能やことばの育ちに深くかかわってくる。逆に見れば、Ⅱ層の段階で個人内差として現れやすい視覚優位、聴覚優位の問題は、象徴機能獲得のつまずきになるといえる。

　象徴機能の獲得を確認する指標として、見立てやごっこ遊びの育ちにみる「動作的表象」と、ことばの理解や表現の拡がりにみる「言語的表象」の2つをおさえておきたい（**図16**）。象徴機能が育つことで、三項関係の中での遊びや表現が充実し、自由遊びでの能動性も高まる。情緒面でも、状況や変化を予測しやすくなり、柔軟に応じられる場面が増えるなど、さまざまな面で変化が認められるようになる。

　ただし、Ⅲ層の三項関係や遊びの拡がりは、「大人との関係では」「構造化場面では」という制約を伴うことが多い。まだ子ども同士で三項的にかかわることや、自由度の高い場面でことばを自在に活用することは難しい場合がある。この点を周囲が理解せず「友達と適切にコミュニケーションを取ってほしい」など高いレベルでのやりとりを求め、結果として「コミュニケーションが取りにくい」と評価されてしまう場合がある。遊びやことばを拡げ、活用させていくには、まだ大人の足場がけや場面の整理など、ひと手間の工夫を必要とする段階である。

　また、象徴機能の育ちをことばの理解や表出だけに絞らず、動作的表象、すなわち「遊び」や「動きによる表現」からも評価していきたい。なぜなら、ことばの表出が一見多いために、

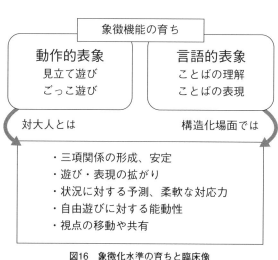

図16　象徴化水準の育ちと臨床像

高い力があると評価されている子どもでも、動作的表象の育ちという点では明らかにつまずいているケースが少なくないからである。ことばの表出は多いが、本質的には象徴機能が十分に育っていない子どもは、Ⅱ層の支援テーマに戻り、課題を整理したい。

（2）認知の育ち──細部知覚と全体知覚のバランス

　象徴化水準では、見る・聞くという知覚の発達が一層高次化するが、細かく整理すると、見る・聞くことの中にも細部系と全体系という区分がある。細部知覚とは、「刺激の細部に注目し正確に把握する力」と定義できる。細部視知覚の学習課題には絵や形の構成、空間や平面の位置把握、近似の弁別、系列弁別などがある（**写真29〜写真32**）。細部聴知覚は、ことばを聞いて正確に復唱したり、音の違いを聞き分けることなどが該当する。

　これに対して全体知覚とは、「複数の要因や2つ以上の情報を関連づけ、意味を把握する力」と定義される。視知覚で考えると絵カードによる上位属性分類（仲間分け）や、生活上関係のある物同士を絵カードなどで関連づける力が挙げられる（**写真33〜写真34**）。また、要素を関連づけて全体を見る力としては、大人の身振りの意味理解も重要である。これは、指導者が黙って身振り行為を示し、その意味を子どもが推測し絵カードを選んだり、ことばで答えるものである。他者の表情や動作の意図理解、絵本の理解も全体視知覚であり、遊びや生活のさまざまな場面を柔軟に理解するうえで、全体視知覚の役割は大きいといえる。聴知覚では、構文レベルの指示理解が全体系に該当する。

　障害のある子どもは視覚と聴覚で優位性（アンバランス）が現れることはよく知られるが、加えてこの細部系と全体系がバランス良く育ちにくいことが、情報理解の偏りとなっている場合が多い。特に細部系は学習課題でも取り入れやすいが、全体系はその役割を意識しなければ見えにくいであろう。

　細部系と全体系の区分を明確に示したのは、宇佐川（1996, 1998）によるもので、以後、視知覚や聴知覚の発達評価はより詳細に行なわれるようになった。全体知覚と細部知覚の優位差については、以下のタイプが想定されている（宇佐川, 1996）。

タイプⅠ（全体知覚優位タイプ）
　イメージを伴う活動は参加度が高く、象徴機能は育っているが、細部を見分ける視知覚が発達しにくい子ども。文字や数概念も、育ちにくいことがある。

タイプⅡ（細部知覚優位タイプ）
　細部知覚は育つが、イメージを伴う活動は苦手で、拡がりにくい子ども。文字や数の学習はすすみやすい。

タイプⅢ（統合型）
　全体知覚と細部知覚がバランスよく育ち、象徴機能が育ちつつ概念も拡がっていく子ども。

〈細部視知覚〉刺激の細部に注目し、正確に把握する力

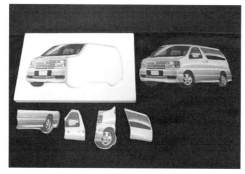
写真29　構成パズル

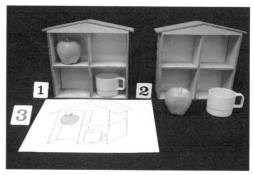
写真30　空間位置把握

写真31　近似（線画）の見分け

写真32　平面位置把握

〈全体視知覚〉複数の要因や2つ以上の情報を関連づけ、意味を把握する力

写真33　見立て模倣版

写真34　絵の説明

　自閉スペクトラム症児は視覚優位と言われることが多いが、それは細部視知覚を指しており、見立て表現や絵の理解といった全体系の育ちはつまずきやすい。また、自閉スペクトラム症児の臨床像が変わりつつある中で、細部視知覚自体も必ずしも得意ではないケースも出てきている。型はめは得意と評価していたが、初めての教材になるとかなり試行錯誤を伴うといっ

たケースもあり、学習を通して丁寧に把握す
る必要がある。

（3）聴知覚の高次化と理解言語の拡がり

　聴覚－運動協応の高まりや聞き取る力その
ものの育ちが、さまざまな活動を通して確認
できるようになる。聴覚－運動協応でみれ
ば、ある程度即興的な音楽のテンポや強弱に
合わせた行進（ゆっくり歩く・歩く・走るな
ど）や、打楽器打ちなどで運動を調節できる

写真35　曲当て活動

ようになる。また、聴覚刺激とイメージが結びつくことで、メロディーを聴いて曲を当てたり
（**写真35**）、見えない所で音を鳴らしその楽器を当てるといった曲当て、音当て活動も展開で
きる。この程度まで識別が可能になってくると、ことばを聞き取る力も育ち、名詞や動作語、
用途表現、語連鎖の指示理解も成立しやすくなる。ことばの指示に応じて、カードを選択した
り身振りや具体物操作で応答する学習方法は、Ⅱ層　対応知覚水準からの基本スタイルである
が、この〈物を介して応じる〉学習姿勢が育っていないことで、アセスメントが難しい子ども
がいる。Ⅱ層の基礎課題に立ち返り、丁寧に取り組む必要がある。

（4）記憶の高次化と課題設定の整理

　象徴化水準の認知発達評価では、2容量記憶の成立は必ず確認したい内容である（阿部,
2002）。2つの場所を覚えておく2容量位置記憶（再認）や、2つの内容を覚えておく2容量
再認・再生がある。象徴化水準で2容量記憶を重視するのは、指示の理解や伝達的なことばの
表現には語の連鎖にみるように2つの情報の統合的把握がかかわっているためである。

　臨床的には、日常的なやりとりは言語で成立しているように見える子どもでも、学習場面で
確かめると2容量記憶が不確実である事例が少なくない。おぼろげに覚えてはいるが自信なく
選ぶ、試行回数を重ねると正答率が下がる子どももいる。ことばの指示では取れても、楽器音
やカード、身振りでの指示などに変えると難しいこともある。2つの情報の確実な記憶は、Ⅱ
層の後半からⅢ層の学習ポイントとしておさえておきたい。

　学習方法としては、関連性が高い2つの物を覚える指導から始め（例えばコップとジュー
ス、ケーキとお皿など）、2つ選択することの意味を教えていく。その後、関連性を弱め、適
宜妨害刺激を挟む、離れた場所に取りに行くなどしながら記憶の保持を高めていく。再生（覚
えた内容を手がかりなしにことばや身振りで表現する）／再認（選択肢の中から覚えたものを
取る、指すなどで応答）という応答方法の違いを意識してすすめていくことも重視している
（**図17**）。

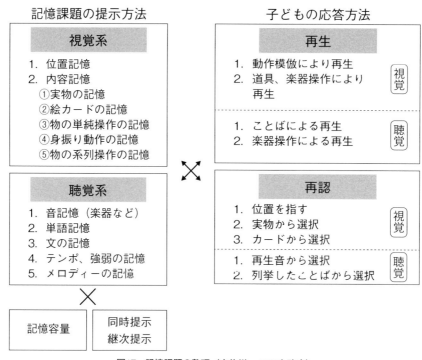

図17　記憶課題の整理（宇佐川，1989を改変）

2 Ⅲ層の自己の育ち——その読み取りと拡げ方

　"対人関係が育つ"——この表現は、障害児支援ではさまざまな段階で用いられる。二項的な遊びに快表情を示す段階でも、人に要求を伝える段階でも、対人関係の育ちと表現される。しかし、対人関係の発達は他者と相対する"自己が明確になること"と、他者と何らかのイメージやテーマを"共有すること"の2つの要因がその本質を支えている（図18）。特に象徴化の世界では、具体的な要求や課題を一方的に表出するのではなく、大人からの要求を了解したり、話題や遊びが共有されていく場の中で対人関係（自己像）を考えていきたい。その意味において、Ⅲ層の自己像は、子どもの表出や表現をわかりやすく受け止め、共有世界に位置づけ

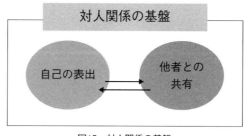

図18　対人関係の基盤

ていく大人の役割が大きい。

　指導者はしばしば子どもが質問にどう答えたかに関心を寄せやすいが、自己像発達を考える上では、日常的なやりとりの中で子どもがどのように「自己」を表現しているかを拾い上げていく作業が必要となるであろう。「私、○○が好き」「転んだ、でも泣かなかった」「先生見て」など、子どもの自己が「ことばに繋がり、受け手に共有される」姿に、象徴化の自己像の姿を読み取っていきたい。また、行動が先立つ子どもも、尋ねられれば「何をしようとしたのか」ことばで行動（意図）を表現できる姿も重要である。話しことばだけではなく、大人を誘い入れながらごっこ遊びを楽しむ、簡単なイメージを共有しながら物を媒介として大人とのやりとりを楽しむといった姿も、自己像の発達と考えられる。

　発語が多く他者に向けて伝えているように見える子どもも、「受け手とイメージが重なりにくい」「事実の説明や質問は多いがそこに"自己"が繋がっていない」ことに気づかされることがある。かかわりの中で自己に返すことばや問いを投げかけながら、子どもの表出・表現を共有世界に位置づけていく工夫を考えたい。

　Ⅲ層ではまだ子どもの発信を受け止める大人の支持的・応答的かかわりの中で関係性が成り立つ段階である。ごっこ遊びについても、大人の介在のない子ども同士での相互的な関係成立は次のⅣ層（概念化）の課題として見ていきたい。Ⅲ層は大人の支援があることで、他児の遊びや話題への同調が生まれたり、役割を意識した他児との遊びが成立する段階といえる。情緒不安や拒否も、大人の介在で調整したり、やりとりを通して納得できるようになることが多い。すなわちⅢ層では子どもの自己の立ち上がりをことばで繋いだり、ことばで照らし返すといった、内言語を補助的に支える受け手の配慮が重要である。指導者は子どもの中に芽生えている意図やイメージを汲み取り、〈あなたの意図・イメージ〉を言語化し返していくことで、自己像の育ちを拡げていきたい。

3　Ⅲ層　象徴化の世界の中核テーマの整理と実践課題

（1）Ⅲ層の実践上の課題

　Ⅲ層は、Ⅱ層　知覚の世界から眺めると確かに物や人へのかかわりは柔軟になり、ことばの理解や表出も豊かになるなど拡がりは大きい。しかし、Ⅲ層そのものをいかに豊かに育てるか、あるいはⅢ層の先にあるⅣ層　概念化の世界の下支えとなる力をいかに育てるかは、実践的には難しいテーマである。

　象徴化水準は、ある程度できることが増え、やりとりも一見成立している事例も多い。どこに個別的な支援目標を定めるか、思いのほか焦点が絞りにくい場合がある。ともすると集団ルールを守る、やりとりを育てるといった大きなテーマが掲げられ、結局はパターンで適応的な振る舞いを教えているに過ぎないという場合もある。あるいは、文字や数の学習に関連したプリント教材のように、視覚的アウトプット中心の学習に偏ることもある。象徴化水準という基

盤の上に、いかなる見通しをもちかかわるか、その整理が難しさであり課題であろう。

（2）Ⅲ層は、Ⅰ・Ⅱ層と何が異なるか

　簡単なことばの理解や表出、状況への予測的対応、単発的な見立て行為など象徴機能の初期の芽生えは、Ⅱ層　対応知覚水準から確認できるようになるが、これらの姿と象徴化水準で考える姿は何が異なるのか、これまで明確には示されてこなかった。その結果、はめ板学習はある程度達成したケースや、話しことばのあるケースは「コミュニケーション・やりとり」「文字・数の学習」が目標になってしまい、Ⅱ層であるがⅢ層、Ⅳ層のテーマで指導されてしまう難しさがあった。あるいは反対に、Ⅲ層の力が見えてきた段階であるにもかかわらず、マッチングやパターンでの学習に留まっている場合もある。例えば指導者が「これは何？」「何に使うものですか？」と尋ね、子どもが答えて「正解」をもらうといった学習スタイルは、対象にことばを当てはめているにすぎず、パターン学習の延長であることに留意したい。前者は、「ことばはあるが、大切にしたい基盤」が見落とされ、後者は「ことばがあるからこそ、大切にしたいこと（ことばを使う）」が見落とされているように思われる。

　Ⅰ・Ⅱ層とⅢ層・Ⅳ層は、発達的には連続しているが、質的には不連続であると考え、あえ

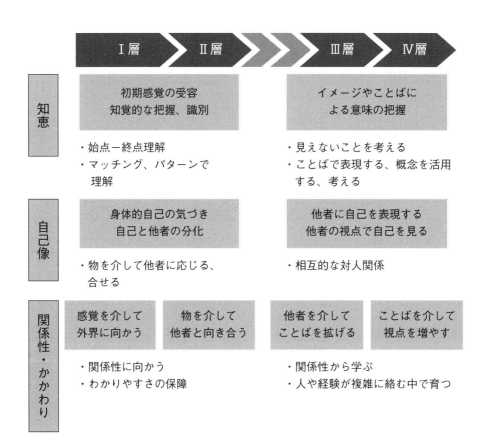

図19　Ⅰ・Ⅱ層とⅢ・Ⅳ層の違い

てその境界を示したものが**図19**である。感覚・知覚的世界からイメージの世界は、見えるものから見えないものへという大きな飛躍であることをおさえていきたい。話しことばがあっても、Ⅱ層までは、環境の手がかりやパターン的な枠づけは必要であり、ことばの理解も実際には学習場面のように整理された場で確認できることが多い。これに対して、象徴化水準ではパターンから離れて、イメージやことばで了解をしたり、思い浮かべたことを動きや遊び、ことばで表現することが可能になる点を重視する必要がある。Ⅱ層までのパターン的理解を離れ、折々に柔軟に対応し、表現する力が育つことが、対人的にも情緒的にも拡がる土台であり、その点をⅢ層 象徴化水準の特徴として考えている。

　また、子どもの外界の捉えだけではなく、大人のかかわりという点でもⅠ・Ⅱ層のそれとは大きく変わる。厳密には、変えなくてはならない側面があろう。Ⅰ・Ⅱ層までの環境や学習教材の構造化によるわかりやすさの保障、パターンを当てはめ応答する学習や繰り返しによる学習から一歩拡げ、Ⅲ層ではやりとりの中で学ぶための問いかけや表現の場の工夫が求められる。教材は必要であるが、それを柔軟に活用し、子どもが考える場面や、指導者とのやりとりが生じるような学習の場が求められる。

（3）イメージとことば――坂を上る力を後押しする

　Ⅲ層では見立て行為やイメージ遊びがいかに豊かに育つか、そしてそれらを基盤にことばがどう拡がるかを重視している。具体的には、「ことばを知る」段階から「ことばを使う」段階への育ちを、中核テーマと考えていきたい。「ことばを知る」ことと「ことばを使う」ことは、ことばのもつコミュニケーションとしての機能の拡がりを意味する。

　ことばのある子どもと大人（指導者）のやりとりを観察すると、しばしば大人が子どもからの明確な表現を待たずに、先に意図を汲み取って、やりとりが完結してしまっていることがある。あるいは、大人が子どもの答えやすい聞き方・内容で尋ね、子どもはパターン的に応答している場合もある。「話しことばがあり、やりとりができる子ども」といっても、大人が合わせている中での相互化の姿であり、実態としては弱いコミュニケーション機能である可能性に指導者は気づく必要がある。ことばがあるという臨床像に隠れ、「ことばを使う力」を見落とさないようにしたい。

　場面や物とことばを一致させる力は、Ⅱ層 対応知覚水準から育ち始めるケースもあるが、Ⅲ層は「場面とことば」を足がかりに、ことばを使って他者に要求や意図、状態を「伝える」ことを重視する。そこには、語彙の蓄積や連鎖、伝える相手の理解、伝えようとする場面での構えや自己調節といったさまざまな要因が絡み合う。象徴化水準のテーマは、まさに「ことばの坂（天神林，2010）」の入り口から上り始めに該当する。ことばが経験や具体から自由になり始め、ことば相互の関係に気づいていく過程を象徴化水準から概念化水準のプロセスと重ねてみていきたい（**図20**）。

　子どもが「ことばを使いたい場面」やことばで考える足がかりを育てていく工夫として、視

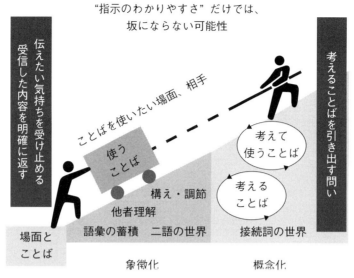

図20　Ⅲ層からⅣ層のことばの捉え

覚的題材の活用や表現の場の設定を考慮する。「創作熟語（村上・赤木，2011）」というユニークな活動に見る適度なことばの坂の作り方は、象徴化や概念化での指導の方向性を考える上で、大いに手がかりとなるであろう。もちろん坂を上る過程では、表現を受け止める大人との関係性も重要である。子どもの表現を適度に後押ししたり、引き上げていく大人の存在も大きい。ことばを使い、考える足がかりとする上で以下の3つの枠組みを提示したい。

①生活文脈の中で

　生活場面において、子どもの必要に応じてことばを使う場面や内容を検討する。依頼・要求表現や質問表現のほかに、「○○を取りに来ました」など、自身の行為を明確化する表現を生活レベル、具体レベルで充実させていくことが重要である。その際、大人の適度な言語モデルや場の設定を工夫することはもちろんのこと、一旦覚え、再生する（伝える）ことで記憶に落とし込む過程も重視したい。その場での指示を手がかりにするだけではなく、ことばを覚えて保持することも、「ことばを使う力」を押し上げていくであろう。

②学習場面で教材を介して

　ことばを拡げ、考える力の足がかりとしていくには、場面と結びついたことばを必要に応じて使うだけでは十分ではない。ことばを意識的に選び、頭の中で操作をしたり、受け手の反応に応じてことばを使うといったことばの活用性を高める工夫も重要となる。ここに、Ⅲ層の課題学習が意味をもつと考えている。つまりⅠ・Ⅱ層の課題学習は、子どもの対物操作を引き出し、対物操作の中で終点に向かうことに意味がある。言語系の課題であっても、Ⅱ層までは「ポインティングをする」「カードを選ぶ」といった形で終点に向かう。しかしⅢ層からは教材

写真36　位置把握（人物）

学習の中に意図的に言語化を促す場面を設定することが重要である。例えば**写真36**は、細部の視知覚を育てる教材である。Ⅱ層まではこの教材で「見本に合わせて構成する」学習を行なうが、Ⅲ層からは「記憶で構成」「聴覚指示で構成」のほかにも、子どもが指導者役になり生徒役に「ことばで伝えて作ってもらう」など、記憶化・言語化を促すこともできる。

　学習場面での言語表現を考える際、プリント学習はどう位置づけられるであろうか？　プリント学習は、発達課題に合った内容であれば、学習内容を精選しやすく、反復が可能で、子どもにとっても活動の枠はわかりやすいという良さがある。しかし、ともすると内容の精選が曖昧になり、反復がパターン化となり、終わらせることだけを意識するという課題も生じやすい。学習課題を通して言語表現を促すためには、プリント学習それ自体が課題ではなく、正解か不正解かだけで終始する展開方法を見直す必要がある。指導者が丸をつけ完結させるのではなく、丸をつけた後にもう一度、言語化を促し確認することや、やりとりの中で答えを選択するなど、プリントの内容や指導展開に工夫を加えていきたい。

③遊び・集団の場の中で

　3つ目は、遊びや集団の場の整理である。ことばの坂を上るには、個別性・わかりやすさ・答えやすさが保障されているだけでは、坂道にならない可能性がある。象徴化水準以降からは、子どもが他者の言語表現に触れるという意味で集団の場の重要性が増すとともに、〈他者からの発信を受け止め、返す〉やりとりの基礎を遊びや集団活動を通して促していきたい。

　臨床的には細部視知覚系の学習や、文字や数には関心を示すが、イメージを伴う遊びが拡がりにくい子どもは少なくない。あるいは、子どもの自己ペースなイメージ遊びは成立しているが、他者が交われないという場合もある。イメージ遊びの発達整理を**表9**に示した。どちらのタイプも、イメージを育てるかかわりの工夫を必要としている。

　自閉スペクトラム症児の象徴遊びの困難はかねてより指摘されており、即興的なふり遊びが見られにくいことや、象徴遊びのレパートリーの狭さが指摘されているが、時間をかけて学習していく可能性もあり、発達段階に応じた遊びの設定やかかわりの配慮が重要となる（荒木

表9　イメージ遊びの発達整理

枠組みをつくることで、遊びの場に入れるタイプ
・自分ペースでの表現段階
・他者の表現にも関心を寄せる段階
・相手に共有や参加を求める段階
自己ペースで遊びが成立するタイプ
・他者が交われない段階
・他者を巻き込み始める段階
・他者の提案も受け入れ交われる段階

写真37　絵本再生

写真38　机上でのイメージ遊び

ら，2004；川口，2011）。遊びの環境設定としては、机上の課題学習場面を利用して、向き合う姿勢を作りながら絵本を手がかりに遊ぶことや（**写真37**）、机上でのシンプルな道具操作を通してごっこ遊びを導入する方法が考えられる（**写真38**）。これらを「構造的ごっこ遊び」と呼び、Ⅱ層後半からⅢ層にかけて療育指導で積極的に活用してきた（池畑・関口，2009；関口・池畑，2009；川口，2011）。

　写真39、写真40は、「街の構成遊び」と命名した遊び課題である。この「街の構成遊び」は、①場面とストーリー（〜へ行く）に枠があること、②建物や乗り物など興味のあるテーマや素材を用いたこと、②場面の背景は絵カードとし、子どもの操作対象を最小限の具体物（バスと人形）に抑えたことが特徴である。象徴機能に課題のある子どもにとっては、適度な量の具体性とわかりやすいテーマの枠づけが必要であるといえる。また、遊び場面での発話に伴うイメージの動作化の臨床的意義も指摘されている（横田・池畑，2018）。子どもが対象を動かしながら遊べるような素材の工夫が必要であろう。

　集団活動の意味づけは、第10章でも触れているが、特にⅢ層以降の発達段階では、集団の中でイメージや言語表現の促進をねらいたい。具体的には、以下のような展開が考えられる。

写真39　構造的ごっこ遊び（1）

写真40　構造的ごっこ遊び（2）

・身体・動き・ことばを繋ぐ活動

　　模倣やサーキット活動の中で、細かな身体部位を知ることや動きを言語化する場面を取り入れていく。「今日はくぐるとまたぐがあります」など遊具を見る前に動きをことばにして伝えたり、ことばのイメージを身体で表現する遊び（「石になろう」など）を取り入れる。

・経験の言語化と受信の明確化

　　ことばの坂を上る上で、経験は必要条件ではあるが十分条件ではないといわれる。経験の内容を、他者に伝えることで初めて経験として定着していくのであろう。経験の言語化の機会は、個々に発表をするなどさまざまな方法が考えられるが、Ⅲ層では発信内容より「受信の明確化」に留意していきたい。子どもの発信がたとえつたないものであっても、受け手にどう伝わったかを視覚化（イラスト）するなど、明確化を丁寧にすることで表現を促していく（**写真41**）。

写真41　発表を聞き、イラストで描き止め確認する

　Ⅲ層の中核テーマであることばの育ちに焦点を当て、実践の方向性を整理した。Ⅲ層　象徴化の世界は、イメージが育つことでことばや状況の予測がつきやすくなり、対人的にも柔軟性が増すなど、全体的にバランスの良い臨床像であると考えられてきた。しかし近年、発語を獲得する子どもが増加する傾向の中で、象徴化水準がかつて考えていたほどバランスの良い臨床像とは言い切れない側面も見えてきた。Ⅱ層からⅢ層への移行は大きな質的転換点ではあるが、獲得したイメージがその後どう豊かに育っていくのか、次のⅣ層　概念化の下支えとなることばの育ちを支援活動の中でいかに工夫していくかを、改めて吟味する必要を感じている。

文献

阿部秀樹（2002）障害児臨床における２容量記憶の成立とその及ぼす影響．発達臨床研究，20，23-37.

荒木穂積・井上洋平・立田幸代子（他）・前田明日香・森光彩（2004）事例研究　高機能自閉症・アスペルガー障害児の発達と教育的対応―ふり遊びの分析から．障害児問題研究，32（2），131-138.

池畑美恵子・関口真理子（2009）軽度発達障害幼児の構造的ごっこ遊び（1）―ごっこ遊び導入期の２事例の遊びの特徴―．日本特殊教育学会第47回大会.

川口真理子（2011）軽度発達障害幼児の構造的ごっこ遊び．発達臨床研究，29，13-22.

村上公也・赤木和重（2011）キミヤーズの教材・教具―知的好奇心を引き出す―．クリエイツかもがわ.

関口真理子・池畑美恵子（2009）軽度発達障害幼児の構造的ごっこ遊び（2）―ごっこ遊びが広がりはじめた時期の２事例の遊びの内容と特徴―．日本特殊教育学会第47回大会.

天神林吉寛（2010）わたりの指導．聴覚障害，710，40-43.

宇佐川浩（1989）感覚と運動の高次化と自我発達．全国心身障害児福祉財団.

宇佐川浩（1996）障害児の視知覚と象徴機能の発達に関する臨床的研究．発達臨床研究，14，3-18.

宇佐川浩（1998）障害児の発達臨床とその課題―感覚と運動の高次化の視点から―．学苑社.

横田千賀子・池畑美恵子（2018）自閉症スペクトラム幼児の象徴遊びに関する臨床的研究―物との二項関係を通した他者のかかわり―．日本特殊教育学会第56回大会.

第 **6** 章

Ⅳ層 概念化の世界の発達理解と支援

　感覚と運動の高次化発達ステージで現在のところ最も上位に位置づけられているのが、Ⅳ層概念化の世界である。幼児期の知的障害を中心に臨床研究が展開してきたこともあり、概念の形成までの発達をおさえておくことで一応の整理はつくと考えられている（宇佐川，1989）。

　本章では、概念化水準の発達について、一旦は従来から概念の獲得としておさえてきた認知活動や、文字・数の指導も含めた基本的な内容を整理する。その上で、概念の形成として捉える範疇を、小学校以降の学習上の困難（知恵）や二次的適応障害（自己像）も視野に拡げて考えていきたい。なぜなら、これまで概念化水準の指標として挙げられていた認知課題は、代表性や属性による分類課題、関係把握、絵画配列など（宇佐川，1998）、概念が関与するとはいえ型のある学習課題が中心であった。つまり、子どもたちが〈ことばを介して考える〉プロセスのおさえはやや弱かったといえる。支援を必要とする子どもたちの多様化を考えると、Ⅳ層概念化の世界は従来の見方より幅をもたせ、その長い道のり（坂道）における心理的支援も含めた多様なアプローチが求められる層であると考えていきたい。

感覚と運動の高次化発達ステージ

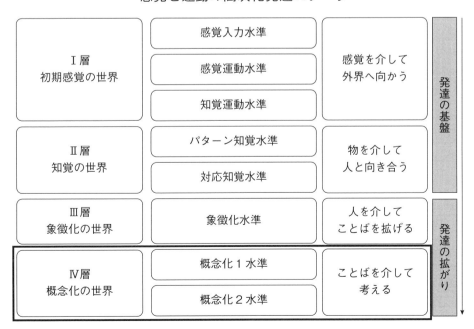

1　Ⅳ層　概念化の世界とは

　一般的に、概念とは「事物の"見え方"に影響されるのではなく、事物の"本質"を理解する力」と定義される。ピアジェの数の保存の研究は、見え方ではなく本質を理解するという概念形成のわかりやすい根拠となる研究である。知能検査や発達検査で語の意味を尋ねる項目があるが、これも、「電車とは何か？」に電車の種類（見え方）を答えるのではなく、電車を説明する上で必要な要素（本質）を答えることが求められている。

　筆者は以前、ことばを束ねる姿に関連し、巡回訪問先の保育園の5歳児クラスで興味深い場面を観察した。ある物語に関連させて保育者が子どもたちに「みんな、勇気って何のことか知ってる？」と投げかけたところ、子どもたちは、思い思いに発言を重ね、最終的に「プールやコマ回しが上手なこと」という結論に到達したのである。もちろんこれは「勇気」の本質を説明してはいないが、5歳児が見えないものを見ようと思考し、対話を通してことばを束ねていく姿に感心した思いであった。

　Ⅲ層　象徴化の世界で、物の代表性が成立し、ことばを獲得すること自体、すでに概念を獲得しているといえるが、"見え方ではなく本質を理解すること"に加え、その理解（概念）をほかの事象と比較をしたり、共通性を見出したり、相対的に意味づけることが可能となるの

表10　Ⅲ層とⅣ層の自己像の対比的整理

	Ⅲ層　象徴化	Ⅳ層　概念化
自己像	・**身体的な自己像** 　フリや模倣が楽しい 　三項関係の育ち ・要求や拒否のレベルで、自己の表現が拡がる ・不安や拒否を、他者の介在で調整	・**認知的な自己像** 　競争意識 　得意、苦手の言語化 ・安心できる人との関係においては**気持ちを** **ことばにする** ・**自己と他者の関係**に気づき、概念的に整理 しようとする

表11　Ⅲ層とⅣ層のコミュニケーションの対比的整理

	Ⅲ層　象徴化	Ⅳ層　概念化
コミュニケーション	・**行動が先立つ、尋ねれば言語化できる** ・手がかりを通して、他者に伝える ・**遊具に規定された役割取得、イメージ遊び** ・ことばの機能性・伝達性の拡がり	・行動の前に、言語化する ・ことばを駆使して、他者に伝えようとする ・**即興的なルールやストーリーのある遊び** ・ことばによる思考の始まり

が、Ⅳ層　概念化の世界の発達である。概念を獲得することと概念化する力をつけることは、区別して考えなくてはならない（宇佐川，1989）。例えば一旦文具や楽器、遊具といった属性で分類したものを、新たな基準で分け直すことができたり、なぜ、何を基準に分類をしたかを言語化できること（ことばを束ねる）、相対化できることが概念化水準の本質であると考えられる。

　また、概念の形成は「りんごは果物の仲間」といった極めて初期的な概念の段階から、「わたしは○○さんより年上だから、手伝おう」など自己と他者の関係を概念的に整理するような高度な水準のものまで多岐に渡っており、その対象範囲は広いといえる。

　Ⅲ層　象徴化の世界がパターンから離れてイメージ・ことばで外界を意味づけ了解する段階とみるならば、Ⅳ層　概念化の世界はイメージや体験を〈ことばで束ね、考える段階〉と整理できる。Ⅲ層とⅣ層の自己像とコミュニケーションを対比的に整理したものが、**表10**、**表11**である。

2　Ⅳ層　概念化１水準の知恵の育ち

　先述の通り、一口に概念形成といってもその幅は広い。概念化１水準の概念形成は、まだパターン的、経験的な範囲で捉えられる概念である。

　細部視知覚でみると10種の物を大きさや長さを基準に並べられたり（系列弁別の成立）、文字の読み、基本的な数概念の獲得を重視する段階である。全体視知覚、聴知覚でみると、身近な内容の絵画配列であれば順序を考え、そのストーリーを言語化できたり、簡単ななぞなぞに答えるなど、頭の中で一旦情報を留め置き、考え言語化できる姿が芽生える。ことば遊びに関心が出たり、ことばの意味や構造（音韻）を意識するなど、具体的・現実的なことばの世界（Ⅲ層）から、抽象的・操作的なことばの世界に移行する段階といえる。会話も基本レベルであれば成立しやすくなるのが概念化１水準からであり、表現内容も経験、事実の言語化や２つ以上の出来事を関連づけて説明できるようになる。記憶容量でいえば３容量を覚えられるだけではなく、見たことを覚えて話すことや聞いたことを覚えて話すなど、情報の取り込みが視覚的にも聴覚的にも拡がることが特徴である。

3　Ⅳ層　概念化２水準の知恵の育ち

　概念化２水準になると、概念が柔軟性を増し、パターン的、経験的な概念からより相対的な概念や概念操作が可能となる。ことばや文字、数の概念も、マッチングレベルでの理解から記号操作レベルでの活用が始まり、〈読める・数えられる〉段階から、〈読んで考える・数を用いて考える〉段階に移行する。特に、読みの学習の中で文の構造や助詞を意識することができたり、文の内容理解が成立するのは概念化２水準である。

　系列弁別やカテゴリー分類などの視覚的学習も、概念化 1 水準では"正解"となる基準は物理的に示されている中で考えることが多いが、概念化 2 水準では自分で基準を見つけ分類をしたり、系列化することができるようになる。絵本のストーリーを理解し端的に言語化できたり、なぞなぞも問いを出す側を面白がるなど、ことばを束ねていく中に表現性の拡大が見出される段階である。会話でも同様に、経験事象や具体的場面から離れたことばの理解・使用が可能になり始めることで、ことばを駆使して伝えたり、考えたり、説明ができるようになることが大きな特徴といえる。

　これまで、概念化 2 水準は 1 つの概念と 1 つの概念を相対的に比較できることが強調されてきたものの、概念化 1 水準との相違はいまひとつ明確ではなかった。概念化水準全体をみても、そこで取り上げられている学習のいくつかは、パターン的であればⅡ層やⅢ層の子どもの中にも通過するケースがあり、細部視知覚が強く、文字や数を習得していれば概念化水準であるかのような誤解も少なからず生じてきた。ここで改めて整理をすると、例えば絵画配列などのような教材学習の場合、概念化水準では答えを選択できたり並べ替えることに評価の視点を置くのではなく、選択や並べ替えの後にいかに言語的意味づけが伴うかに注目する必要がある。"ことばを束ねる・ことばで束ねる"ことが、概念形成の中核であり、それは生活レベル、具体レベルでことばを知り、その範疇で自己を表現するⅢ層（象徴化）とは質的に異なるといえよう。

4　文字、数指導の意義と基本ステップ

　概念化 1、2 水準を通して拡がりが期待される文字、数の指導について、その意義を中心に整理する。文字、数の指導の中でも特に文字に関しては、細部の視知覚が育つ子どもであればⅡ層段階から関心を示し始めることもある。しかし、Ⅱ層段階ではまだ音と文字をパターン的に結びつける段階であることが多い。あるいは、かたまりとしていくつかの単語は認識していても、1 文字ずつの分解は困難である。文字概念の成立は、少なくとも 3 音節単語を 1 文字ずつ構成できる程度の力が必要で、50 音が読めるだけでは文字概念とは考えにくい。そのためには、Ⅱ層段階で行なわれる基礎的な弁別力や視覚的構成力を育てつつ、刺激間の関連性を理解するためのさまざまな分類学習や関係づけ学習を丁寧にすすめていきたい。記号に意味があることを教える際は、例えば**写真42**のような学習教材を活用する場合がある。しかし、この 1 音 1 句だけでは十分に拡がらない場合もある。肢体不自由児の実践では、50 音をすべて動作化することで文字概念の獲得に至ったケースも報告されており（冨田，2016）、文字の学習方略は多様である。

　文字概念の獲得は、視覚情報の活用を大きく前進させることができ、話しことばの理解で必要とする聴覚的記憶や継時的処理の問題も避けうる。読み上げることで発声構音の促進も期待される。50 音のポインティングや書字の獲得に至れば、自発表現は飛躍的に拡がるだけではな

写真42　1音1句の文字はめ板教材

く、情緒の安定にも大きく貢献する（池畑，2010）。

　障害児臨床における文字学習の展開は、その基礎段階からの指導法も含め一層の発展が望まれるであろう。とりわけ、教育現場では書字指導や文字カードの掲示中心の使用が目につくが、読みと意味理解の指導も重要である。特に、概念化水準では短文を正確に読み、正誤を判断させるなど、書字の負担を減らした学習方法の充実を目指したい。

　また、数概念の指導は、文字概念の指導以上にパターン的学習だけでは深まりにくい。数概念は、大小・多少・長短といった量的概念のほか、数順や数唱、数字との数量との等価関係を一致させなくてはならない（恩田，2012）。その基礎の認知指導の整理が求められる。

5　自己の対象化の始まりとその支え

　概念化水準の最も重要な臨床像は、文字や数、ことばが概念として活用できるようになることと並行して、自己概念の形成が促されていくことにある。つまり、文字や数、ことばの概念を獲得するだけでは概念化水準に到達したとは言えず、それらを通して他者とのやりとりが活発になることや、自己の体験や内面を対象化し、言語的に意味づけたり、自己と他者の関係性や役割を意識して行動するようになる姿を重視している。

　自己の対象化は、他者とのやりとりや評価を通して形成される自己を見つめる目の育ちであり、「意味づけられた自己像（冨澤，2015）」へと押し上げていく。集団内での自己の役割や位置づけに対する自覚もより明確になる。子どもによっては、ある種の苦手意識や劣等感の芽生えといった二次的適応障害の可能性を抱えることもある。

　概念化1水準では、自己の対象化の育ちとして、例えば自己イメージを言語化（「私って、コツコツ型だよね」）したり、自分の動きや行動をことばと一致させて意識したりすることができるようになる。結果として人や状況に合わせて行動を調整したり、自己の関心領域以外でも構造があれば応じられるようになる。ただし、仮にここで自己理解を促すための直接的指導

をしてもうまくいかないことが多い。自己概念として考えると、本人のことばを介した思考の充実が後の自己理解の足がかりになるといえる（石井，2016）。子ども同士では、競争意識の芽生えなどはあるが、まだやりとりを成熟させるには大人の支援が必要である場合が多い。

　概念化 2 水準になると、一方的な自己イメージの言語化ではなく、自己と他者の関係に気づいたり、考えるようになる。年下の子どもにはおせっかいをやくが、同年齢の子どもが自分よりうまくいくことには、消極的になるなど、他者と自己の関係を概念的に理解し、振る舞いを変えることができるようになる。

　Ⅳ層では、自己を対象化し、意味づけるようになることが自己概念の育ちであり、それを支える大人の役割として以下の点をおさえておきたい。

・自己の感覚や感情の表現が受け止められる体験
・失敗体験へのフォローとともに、失敗の意味を共に考える大人の存在
・発達のアンバランスからくる不適応の背景整理

6　概念化水準における学習支援の可能性とのその課題

　近年、特別支援教育の展開において、通常学級に在籍する学齢期の発達障害児に注目が集まっているが、個々のニーズに応じた支援を考えるうえで彼らの学習面の課題の焦点化は今後の重要なテーマである。なぜなら、教室における「気になる子ども」は圧倒的に集団適応や行動上の問題に注目が集まりやすく、学習・学力面にかかわる困難については十分な個別的対応にまで至らない場合が多いためである。行動面の困難が先行し、学習面の困難への対応は出遅れており（山岡，2013）、学習面の困難自体も、動機づけや学習態度の問題と考えられ、補習時間を増やすなどの単なる授業の延長としての支援に留まりやすい傾向にある（堤ら，2013）。熊谷（2010）も、高機能自閉症が問題とされるようになってから、よく「知能や学力には問題ないが、対人関係に問題があり」とコメントされる場合があるが、実際には学力に問題が生じる児童の割合は非常に高いと指摘している。

　これまで学齢期発達障害児の学習面に関する研究は、LD の分野にかかわるディスレクシアタイプの問題や漢字書字困難、算数障害といった明らかな症状を対象としてきた。しかし、学習の中心を担う読み書き能力でみると、読み書きが極めて困難な発達性読み書き障害には該当しないものの、文章レベルでの読み書きは苦手で、語彙力や意欲においてもつまずきを示す"読み書き障害周辺児"は少なくない（小高，2012[1]；澤口・瀬戸，2015）。筆者の学齢児の相談でも、小学 2 年生程度までは国語のプリント課題は一通り正解を書き込むことはでき、教科書も繰り返し読めば大筋では理解しているが、少しずつ①読みながら考えることや考えながら書くことが苦手になり始める、②ことばの意味理解が狭く概念として定着しきれていない、③意味は伝わるが表現としては不自然な言い回しが残る、④言語的な説明がワンパターンといっ

た傾向を示す子どもが多い印象をもつ。[2]特異的というより全般的な学習困難であり、その背景に言語概念形成のつまずきが考えられる事例である。これらの子どもには、例えば教科書を拡大する、宿題の量を減らす、補助ヒントを活用するといったスキルとしての学習支援を提供するだけでは不十分である。ことばによる思考、すなわち言語概念形成という学習の本質にかかわる側面に支援が必要であり、発達的観点からそのプロセスを整理することが求められている。

　ここで手がかりにしたいのが聴覚障害教育における言語概念形成の捉え方である。先に例を挙げた学習上の困難は、従来から「9歳の壁」といわれてきた発達の節目と重なる問題である。聴覚障害教育では長年、教育を通していかに9歳の壁を超えさせていくかが重要なテーマとなってきた。さらに9歳より前の「5歳の坂」も指摘されており、学齢期発達障害児にも共通する言語概念形成の課題を見出すことができる。聴覚障害児と学齢期発達障害児とではつまずきの要因は当然異なるが、学習面のつまずきの様相は重なる部分があり、いかにことばを思考形成に繋げていくかは共通した支援目標であるといえる。かかる観点から、以下に聴覚障害教育における9歳の壁と5歳の坂をめぐる議論を文献より整理し、学習の基盤となる言語概念形成の指導指針を明らかにする。

（1）聴覚障害児の9歳の壁と2つの言語形式

　聴覚障害児は音声受容の困難に伴い、音声言語の発達が健聴児と比べて遅れることが多く、特に読みの能力の遅滞が大きいことは内外の研究で明らかにされてきた（我妻，2000；長南，2009a；深江，2009など）。読書力診断検査でみると、小学3年生頃から読書学年の伸びが横ばいになり始め、その後緩やかに成績は向上するが、高等部段階で健聴児の小学校高学年レベルに到達し、再び横ばいになる傾向である（澤，2004）。

　9歳の壁とは、このように読解力が小学3年生から4年生あたりで横ばい状態となり、その結果小学校高学年以降の教科学習が困難になる現象を指している。書く力についても、読みの能力と同様に個人差は大きいものの、パターン的、時系列的な文章構成が多いことや、構文、語彙、表記上の問題などが現れやすく、書きことばを自分のことばとして十分駆使できるに至っていない状態を反映していると指摘されている（斉藤，2006）。

　9歳の壁の背景には、小学3年生頃に訪れる学習内容の質的変化とも関連し、2つの言語形式が指摘されることが多い。脇中（2013）は岡本夏木の「一次的ことば・二次的ことば」やBakerの「BISC・CALP」の概念を整理しながら、「生活言語・学習言語」という表現を用い

1）読み書き障害周辺児については、系統立った支援方法は確立されておらず、教師個人の力量や裁量に実践が委ねられている。そのうちできるようになるだろうと楽観視される傾向が強いことや、低学年での漢字学習などは一定の努力を重ねることで何とか習得していくことも可能であるため、苦手さが見落とされやすいといわれる（小高，2012）。

2）マイペースさや落着きのなさといった行動上の問題は幼児期の支援を通して目立たなくなり、小学校入学後も幼児期で獲得された"学習の構えと基本的なコミュニケーションスキル"を支えに学校生活には適応している一群である。学習の構えと基本的なコミュニケーションスキルが未獲得な場合、おそらく行動上の困難への対応を優先せざるを得なくなるであろう。

て質的相違を指摘している。生活言語とは、一次的ことばと同義で場面や文脈、状況依存度の高い話しことば中心の言語力であり、親密性の高い場面で使われる。それに対して学習言語とは読み書きの習得と関連が深く、公共性のある言語依存の伝達行動を意味する。9 歳の壁とは、生活言語から学習言語への移行に伴う壁と理解できるが、この 2 つの言語形式は単なる上下関係ではないようである。脇中の見解では聴覚障害児の生活言語の獲得は学習言語の必要条件ではあるが十分条件ではない。従って例えば幼児期に小学校低学年で使われる語彙を機械的に暗記させることはむしろ弊害があり、小学校低学年以前はその語が含まれる慣用文脈（熟知文脈）が喚起されやすいことをふまえ、機械的な暗記ではなくシンタグマティック（syntagmatic）な関係に基づく獲得を図ることが望ましいという。

　また、例えば家庭で使われる言語は全て「生活言語」で、学校で使われる言語は全て「学習言語」と簡単に区分することはできず、生活言語の中でも「①簡単な生活言語（お金、本、走る）」と「②高度な生活言語（税金、涼しい顔、9 時までする・9 時までにする）」があり、学習言語の中でも「③漢字や経験が手がかりとなる簡単な学習言語（削減など）」と「④高度な学習言語（分子・原子、必要十分条件など）」があるなど、2 つの言語形式の内容をより丁寧に整理する必要性を指摘している。さらに興味深いのは、健聴児は①→②→③→④で獲得するかもしれないが、聴覚障害児は①→③→②・④の順に獲得するのではないかと指摘している点である（脇中，2016）。通常は易しいことばから難しいことばへと指導展開を考えるが、漢字や経験を手がかりとする高次の概念も積極的に活用することが有効であると考えられる。

（2）「9 歳の壁」に繋がる「5 歳の坂」の重要性

　9 歳の壁は健聴児にも観察される現象であるが、彼らの場合、抽象的思考や抽象的な記号操作に触れる頻度を増やすことにより壁を超えていく者が多く、精神的に質的な変容をとげる前の一時的な停滞であり、「踊り場」と捉えられている。しかし、聴覚障害児はその踊り場よりさらに前の段階にいる例が多く、まずは踊り場まで上げるプロセスを指導に組み込む必要がある（長南，2010）。先に取り上げた「生活言語」と「学習言語」の関係でみると、「生活言語」を十分に獲得・活用していない状態を意味している。斉藤（2006）や天神林（2010）はこの問題を「5 歳の坂」と表現し、小学 3 年生以降の本格的な教科学習に備えて 5 歳の坂を丁寧に扱い、登りきることの重要性を指摘している。

　5 歳の坂とは何か、天神林（2010）が指摘する「わたりの指導」をもとに整理すると、ことばそのものへの興味や意味への関心、文脈からのことばの意味理解、話を聞いて内容をイメージする、ことばを用いて事柄を他者にわかるように話す、説明するといった「ことばの意味把握」と「ことばの運用力」の 2 つを指していると考えられる。聴覚障害児教育では、これらの指導を 1 年生の 1 学期から 3 年生までの間に実施することが望ましいとされており、5 歳の坂を登り切るにはそれだけの時間を要するといえる。5 歳の坂の概念は、単に言語年齢が 5 歳レベルを超えていることとは本質的に異なることを明確にするため、斉藤（1983，2006）・天神

表12　「5歳の坂」を登り切るための支援・指導の方向性

	支援・指導の方向性	キーワード
5歳の坂へ向かう	・生活の中の必要に応じることばを具体的に使えるようにしていく ・出来事の時系列的記憶の再生と詳細化（どこに行った？） ・ことばの意味のグループ化を刺激する（↔ばらばらにことばを教える） ・ごっこ遊び、自由遊び場面での意図的かかわり	・正確かつ豊かな言語獲得
5歳の坂を登り始める	・場面の中での話し合い（1対1、題材を目にしながら） ・語彙を横に拡げる－慣用文脈、熟知文脈を利用する ・音韻形成・さまざまなことば遊び ・命題表象を刺激する問いかけ（因果関係） ・短文・単文ではなく、複文や接続詞、慣用句、オノマトペの使用 ・経験の言語化 経験を豊かにすることは必要条件ではあるが、十分条件ではない 　ⓐ点としてバラバラではあるが、経験の言語化を意識する段階 　ⓑ2つ以上の出来事を関連づけて言語化する段階 　ⓒ自分の経験だけではなく、他者の経験を組み込んで言語化する段階	・思考を促す言語環境－因果関係や推論、話し手の気持ちなどを意図的に用いる
5歳の坂を登り切る	・場面を離れた話し合いを意図的に設定する ・事柄を順序通り、話す ・他者の話を聞いて（読んで）、疑問や矛盾を考える ・書きことばの約束事に慣れていく	・言語活動の多様化 ・意図的に生活言語を学習言語に押し上げていく働きかけ ・複数を対象にしたコミュニケーションの力へ

林（2010）、脇中（2009，2013）らの議論をもとに坂を登り切るまでの支援の方向性を**表12**にまとめた。また、記号操作段階までを見据えた言語概念形成のプロセスを**図21**のように整理した。

（3）「5歳の坂」「9歳の壁」を見据えた学習指導

　長南（2009a, b）は、聴覚障害教育の現場ではこれまで読みの能力の遅滞を読む経験量の不足と考え、繰り返し読ませる指導や、ことばの知識量の不足と考え語や構文指導を重視した指導が行なわれてきたが、両者とも本質的な成果には結びついてこなかったことを指摘している。その背景には指導者の関心がもっぱら学習者への情報入力に向けられ、学習者が入力された情報をいかに処理しているかには向けられておらず、結果として多くの学校で9歳の壁に直

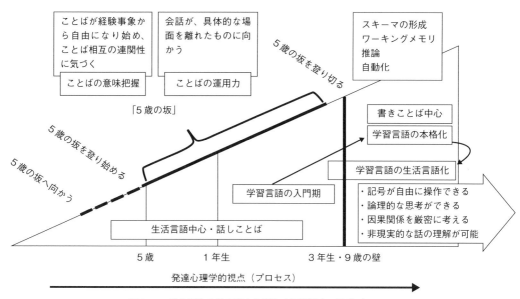

図21　5 歳の坂と 9 歳の壁から捉える言語概念の発達プロセス

面している生徒の指導が、二次的ことばを中心とした新たな知識の解説後、自力で多くの課題をこなさせるという健聴児の指導とほぼ同様に行なわれてきた点を問題視している（長南,2010）。本章では、聴覚障害教育が提起してきた 9 歳の壁と 5 歳の坂の概念を中心に整理を行なったが、指導法に関する指摘についても学齢期発達障害児の支援に大いに手がかりとすることができるであろう。筆者の反省も含め 5 歳の坂と 9 歳の壁の概念整理から得た学習指導の在り方と留意点を 4 点、指摘したい。

・学習困難を、幼児期後期の発達課題あるいは生活言語から学習言語への移行やその二重性という視点で捉えているか。単に学年を下げたプリントで、国語を対処していないか。
・ことばの意味把握について、1 つのことばと 1 つの絵カードが結びつけられれば、その語彙を獲得したと考えていないか。子どもの既知と未知を結びつける、慣用文脈を用いるなどして、語彙を横に拡げる指導がなされているか。
・ことばの指導がコミュニケーションスキルの指導に留まっていないか。あるいはプリント学習や漢字練習といった視覚的アウトプット中心の学習に偏り、ことばを使い運用する機会や動機づけの工夫はなされてきたか。
・指示語や視覚的手がかり、先回り支援によって、子どもが考えことばを駆使して伝えようとする機会を狭めていないか。教師と子どもの対話を通した学習や子どもが考えるプロセスを意図的に拾い上げる質問場面、指導場面が設定できているか。

　今後は、本章では取り上げていない読み書きのメカニズム（認知心理学的視点）と合わせて事例を通して学習支援の存り方を具体的に明らかにしていきたい。

文献

我妻敏博（2000）聴覚障害児の文理解能力に関する研究の動向．特殊教育学研究，38（1），85-90.

長南浩人（2009a）聴覚障害児の読み書き指導（第1回）聴覚障害，709，24-31.

長南浩人（2009b）聴覚障害児の読み書き指導（第2回）聴覚障害，710，28-33.

長南浩人（2010）聴覚障害児の読み書き指導（第4回）聴覚障害，712，26-34.

深江健司（2009）聴覚障害児の文章理解の特徴に関する研究―事実レベルと推論レベルの理解とその関連性の検討　特殊教育学研究，47（4），245-253.

熊谷貴幸（2010）高機能自閉症にとっての二次的ことば　発達，121（31），82-87.

池畑美恵子（2010）発達障害幼児の情緒不安に関する臨床的研究（2）―高機能自閉症児の自己－他者関係と時間的枠組みの発達からみた不安の変化―．発達臨床研究，28，1-12.

石井洋介（2016）自己像の確立をめざして―言語表現と概念の広がりを模索した中学部での実践―．発達臨床研究，34，63-71.

小高佐友里（2012）発達性読み書き障がい周辺児とその支援．福田由紀編著　言語心理学入門　言語力を育てる．培風館．

恩田智史（2012）障害児の数量概念形成の系統性に関する一考察―先行文献から発達支援モデルの構築を試みる―．発達臨床研究，30，1-11.

斉藤佐和（1983）生活言語から学習言語へ　言語発達に即した指導の道すじを考えるために　聴覚障害研究，38（8），27-32.

斉藤佐和（2006）コミュニケーション方法とリテラシー形成　音声言語医学，47，332-335.

澤口真理・瀬戸美奈子　2015　高校生の文章読解における課題について―日本語能力の観点から―．三重大学教育学部研究紀要，66，教育科学，165-170.

天神林吉寛（2010）わたりの指導　聴覚障害，710，40-43.

富田直（2016）学習を足がかりにしたコミュニケーション支援―肢体不自由児のかな文字指導の工夫から―．発達臨床研究，34，53-62.

冨澤佳代子（2015）感覚と運動の高次化における自己像発達―思春期の発達支援を視野に入れて―．発達臨床研究，33，41-50.

堤俊彦・森分真莉・野津山希・奥本早紀　2013　学齢期の発達障害児における支援ニーズの現状と課題―見過ごされている学習支援の視点より―　福山大学こころの健康相談室紀要，7，29-42.

宇佐川浩（1989）感覚と運動の高次化と自我発達―障害臨床における子どもの理解．全国心身障害児福祉財団．

宇佐川浩（1998）障害児の発達臨床とその課題―感覚と運動の高次化の視点から―．学苑社．

脇中起余子（2009）聴覚障害教育これまでとこれから―コミュニケーション論争・9歳の壁・障害認識を中心に―．北大路書房．

脇中起余子（2013）「9歳の壁」を超えるために―生活言語から学習言語への移行を考える―．北大路書房

脇中起余子（2016）聴覚障害教育における日本語獲得・習得・運用に関する支援の実際を踏まえて（その9）研究的視点に基づく今後の日本語学習支援について．日本特殊教育学会第54回大会　自主シンポジウム．

山岡修（2013）通常の学級に在籍する6.5％の，発達障害の可能性のある子どもたち―保護者，当事者団体の立場から―　LD研究，22（4），412-418.

表　感覚と運動の高次化理論からみた子どもの理解と支援テーマ（池畑，2018）

		感覚入力	感覚運動	知覚運動	パターン知覚	対応知覚
外界の把握		身体を通して　気づく・向かう				
		○感覚を通して、身体の延長でわかる ○始点−終点の理解により外界が整理され始める			○視覚や聴覚を介して把握・識別し、パターンをつくる ○手段の獲得 ○視覚情報と意味の一致	
	視覚	・環境視	・焦点視、追視 ・運動を起こす際に瞬間的に目を使う	・好きな物への視覚的定位 ・物と物の関係理解芽生え	・見分ける（はめ板が学習として有効） ・同じ（マッチング）の理解	・静的姿勢の獲得 ・見比べる、相手の見本に合わせる ・属性による分類の理解 ・視覚−運動の協応
	聴覚	・音の受容はかろうじて可能	・音の受容のはじまり ・行為の確認としての音の受容	・音と姿勢、情動のつながり	・音への興味、操作の拡大 ・特定の歌やことばに反応	・音楽の始点・終点に合わせて叩く、楽器音の聞き分け ・整理された場では理解言語を確認
	覚える・真似る		・刺激に対する予測性の芽生え	・物の永続性 ・同調模倣の芽生え	・簡単な位置記憶成立 ・パターン的動作模倣	・模倣の安定 ・即時模倣の芽生え ・身振りサインの理解、表出
	運動・操作	・前庭刺激や固有感覚刺激、触覚刺激への気づき	・瞬発的運動 ・結び目 1 の操作 　−触れる、ひっかく、叩く、振る	・確実なリーチング ・終点理解 ・因果関係理解 ・物の機能に応じた操作（感覚的フィードバック）	・複数の手段をつなげた遊び ・具体物での単発的、パターン的見立て ・興味の対象、場面や物とセットになった命名・サイン	
自己の育ち		いま、ここでの				
		○感覚的自己	○感覚的自己	○運動図式の芽生え ○柔軟な姿勢変化の受け入れ	○空間に対する自己の定位 ○要求−拒否の拡大	○自己と他者の分化 ○関係性に対する自己の定位 ○模倣の拡がり
	身体・姿勢	・刺激を受容しやすい姿勢の配慮	・身体に気づく、触れる、見る ・自己刺激的な運動が増す	・意図的な姿勢変化、姿勢保持 ・運動の方向が定まり始める	・環境配慮のもとでは、着席姿勢を維持	・状況への予測的対応−待つ、構えをつくる ・遊具に合わせた調整的な身のこなし
	対物志向性	・触覚的な快・不快の分化	・取る、引き寄せる、触る−自己に引き寄せ触覚的に確かめる	・特定の物への志向性が芽生える	・選択的な物の要求 ・物を介して応答する ・好き・嫌いの明確化	・物での遊びの拡がり ・大人とであれば三項的なかかわりが成立しやすい
	対人志向性	・快・不快の調整を通して人に気づく	・快・不快の調整を通して人に気づく	・受動−能動への気づき ・分離不安の出現、時に密着化	・特定の他者とパターン的かかわり ・反応期待、からかい	・物を介して柔軟に応じる ・相手の表情に気づく、人を見て振る舞いを変える
	コミュニケーション手段	・係り手の細かな読み取りと解釈	・係り手の応答的姿勢	・欲しい物を取りに行く、人に接近するなど目的と行動の分化	・要求を中心に特定の手段の芽生え	・具体的な要求であれば指さしや身振りサイン、ことばを明確に使う
情動		・内に向かう ・了解しにくい情動表現	・了解しやすい情動表現（声、表情、動き）	・快・不快の情動表現が分化し、理由も推測可	・一方的なネガティブかポジティブかに二分される情動表現 ・要求−拒否、場面の切り替えをめぐる情緒不安	・他者を意識した情動表現 ・情動と姿勢の分化
支援テーマ		〈感覚の整理と始点・終点の形成〉 ・人、物、状況を整理し、原則理解に徹することで、かかわりの糸口を見出す ・刺激に対する反応の明確化、分化、終点理解			〈見分け・聞分けと模倣の育ち〉 ・場面と教材の工夫により、基礎的な視知覚、聴知覚を育てる−コミュニケーション手段の形成 ・アタッチメントの形成 ・正確なアセスメント（できる、わかるより、でき方、わからなさ）相手に合わせる、応じる力を育てる	
		大人が子どもの原則に合わせる			大人が向き合う、適度な壁となり反り合う	
発達構造の危機		・人や物、状況が混然としている ・生理的コンディションの整いにくさ ・感覚過敏や重力不安など身体感覚の狭さ			・体幹の保持が難しく、静観性をもちにくい ・関係性の誤学習や感情表現の誤学習を積み重ねている	

左縦書き：知恵──自己像

	象徴化	概念化1	概念化2	
他者とのかかわり、三項関係				**理解と表現**
	○パターンからはなれ、イメージ・ことばで意味づける・了解する ○他者の意図の了解	○イメージや体験をことばで束ねる（考える） ○ことばを駆使して伝える、考える		
	・複雑な形の見分け、図地弁別 ・形や空間の構成 ・文字や数への関心、初歩的な意味理解	・10種の系列弁別 ・文字の読み ・数量概念 ・絵画配列し言語化する ・ことば遊び、ことばの意味や構造（音韻）の意識化 ・簡単ななぞなぞに答える	・基準を自分で見つけ分類する、系列化する ・文の構造や助詞の意識化、文の内容理解 ・絵の全体性を読み取り、言語化する ・絵本のストーリー理解 ・なぞなぞを考える	細部知覚・全体知覚
	・メロディーや即興的な音楽のテンポ、音の強弱の聞き分け、聴覚による運動制御 ・名詞、動作語、用途、語連鎖の指示理解			
	・2つの事柄を覚える ・イメージを動作で表現		・4つの事柄を覚える ・他者の振る舞いを真似る	記憶・模倣
	・大人の身振りをみて、絵や具体物と対応できる ・見立て行為を2つ繋げる ・ごっこ遊びを楽しむ、大人を誘い入れ共有しながら遊ぶ	・経験、事実の言語化、2つ以上の出来事を関連づけて説明	・経験事象や具体的場面から離れたことばの意味理解、会話	イメージ・ことば
経験・やりとりを通して				**自己の対象化**
	○自己の表出 ○他者との相互化（調整）	○自己イメージに関する言語化 ○自己と他者の関係に気づく、考える		
	・フリや模倣活動を楽しむ ・新しい場面でも、ことばを手がかりに予測がつき安定して参加できる ・自由場面でも能動的に遊びに参加 ・行動が先立つが、尋ねられれば言語化する ・人や状況に合わせて行動を調整しようとする	・集団場面での積極的な役割取得 ・動きとことばの一致、ことばを意識して動く ・人や状況に合わせて行動を調整する	・集団での自己の役割や振る舞いに気づく ・行動の前に言語化をしたり、確認をする ・ルールや約束を守ろうと自分を調整する ・ルールのある遊びの活発化	場面参加と調節
	・大人の支援があることで、他児の遊びや話題への同調、役割を意識した他児との遊びが成立しやすくなる ・ことばの機能の拡がり 　＊自己の関心　領域や要求・拒否を中心に 　－伝える、応える 　－相手に尋ねる	・自己と他者の比較 　－競争意識の芽生え ・構造のある場面では、自己の関心領域以外でもやりとりに応じる	・子ども同士で役割をとる、協同遊びを楽しむ ・安心できる人との関係においては、気持ちをことばにする ・相手の意図を確かめる、心情に気づく	関係性とやりとり・表現
	・予測や了解が増し情緒はやや安定 ・ストレスや葛藤場面では不安定さが表面化しやすい ・不安や拒否を大人の介在で調整する、納得する	・どのような場面でも情緒的には安定している ・不安や拒否を自分で調整する。必要に応じて大人の介在を求める。 ・遊びの中で、不安やストレスを表現する		**情緒**
	〈表現手段と調整〉 ・視覚と聴覚、細部と全体を意識した学習展開 ・子どもなりの表現手段を他者との共有世界に繋げる、引き上げる	〈概念の活用とコミュニケーション〉 ・指導的かかわりと、支持的かかわりのバランス ・意図的な質問の投げかけ、表現の場の設定 ・時間をかけた概念的学習の高度化－読みながら、考える／考えながら、書く		
	子どもが教材を介して大人に合わせる			
	・視知覚と聴知覚のアンバランス	・Ⅱ層、Ⅲ層の課題を薄く通過したままⅣ層の学習レベルに向かう ・自信のなさ、劣等感の拡大 ・集団所属感を形成しにくい環境		

知恵

積み上げる

関係性から学ぶ

自己像

第 **3** 部

感覚と運動の高次化からみた
臨床実践の展開

第3部では、感覚と運動の高次化理論を基盤にした臨床実践の展開を、個別事例および個別指導、集団指導の観点から整理する。感覚と運動の高次化理論は実践を通して作り上げられてきた理論である。障害のある子どもの発達過程を追い、教材やアクティビティを介してかかわることの意味を強調したことで、実践現場で活用可能な視点が盛り込まれてきた。本来は、第2部で取り上げた発達ステージの一つひとつを事例化することで、さらに理論の解釈が深まると考えるが、本書ではテーマを4つに絞り検討したい。

　第7章は、初期段階の事例である。Ⅰ層 初期感覚の世界において、目的的な歩行に繋がる空間の認識がいかに手による外界とのかかわりと密接に関連しているかを、事例の指導からみていきたい。

　第8章では、自己像発達にかかわる支援事例の経過を示した。子どもの心理的、身体的中心軸がどのようなプロセスと相互関連性の中で育ち得るのか、事例の2年間の支援経過から検証していく。自己像の発達には、他者との関係性のみならず、身体・姿勢といった自己像の中心的側面に対する働きかけもはずすことができない。身体・姿勢はⅠ層 初期感覚の世界、Ⅱ層 知覚の世界だけのテーマではなく、Ⅲ層 象徴化の世界以降でも外界との接点および動作イメージの基盤であることを確認する。

　第9章では、個別アプローチの位置づけと展開を考える。個別アプローチは発達臨床で重視されてきたアプローチで、そのニーズも高い。しかし、個別の中でどういう観点から指導を組み立てるのか、教材はあってもそれをいかに活用していくかについては、実践的には未整理な部分も多い。個別アプローチの捉え方を中心に、課題を整理する。

　第10章は、集団アプローチである。集団も個別と同様に、ねらいや発達段階を考慮した実践課題の整理が重要である。集団は、その良さとともに留意点も多く、その整理が十分になされないと「集団で一緒に楽しく過ごす」という目標のない場面設定にもなりかねない。集団の構成や意味を発達的に捉えることは、療育や教育の基礎・基盤の整理にも繋がるであろう。

第 **7** 章

初期段階の子どもの事物操作と
空間認知の育ち

1 概要

　事物操作に関する認知に比べ、空間の把握や空間の移動に困難さをもつ幼児について、2年間の個別による課題学習を行なった。取り組みでは、「運動（手）を起こして目を使うこと」を課題とした。その結果、手ごたえのある事物操作を十分に経験し、手の操作性が高まることで、目と手の協調性が育ち、物へのかかわりが拡がっていった。この変化は、向かい合う相手の動きにも目を向けることに繋がり、それが初期的な対人関係の促進に貢献することが明らかとなった。また、入れる、置くという終点理解は成立しており、このことが初期の認知発達において非常に重要な発達要因になると考えられた。空間の把握や空間の移動の困難さは、外界の操作を通して獲得される身体表象のつまずきと関連があると考えられ、物を手がかりとした移動のアプローチにより支援を行なった。初期段階の子どもへの教材を介したかかわりは、発達のアンバランスの評価に重要な情報を与え、日常場面では見えにくい発達の強みや子どもなりの対処行動を確認することができた。

2 問題と目的

　Ⅰ層では、自己刺激的、自己循環的な行動から、目と手を使い物の操作・探索を自発する能動的な行動への転換が大きな発達の節目になる。この段階で、とりわけ自己刺激が強い子どもと、自己刺激は強くない子どもがいることから、前者を初期－受動タイプ、後者を初期－能動タイプとした事例検討を行った（池畑，2001）。受動タイプの子どもは、感覚過敏が強く、目で見ても対象に手を出さず、手の操作性も未発達であった。情動の興奮と相まって自己刺激行動が現れやすいが、特定の対象への注視はあり、絵本やビデオなどの一部分を覚え、それを予測・期待する認知があった。不安を示しやすく、その対処として一見パターン化した外界とのかかわりを求めているようであった。一方、能動タイプの子どもは、目で見ずに手が出るが、手や運動の調節は極めて苦手であった。外界の刺激に振られやすいため多動であるが、頻繁に物に手を伸ばし、外界を探索する力をもっていた。目的的な動きにはなりにくいものの、自己刺激がないことが受動タイプの事例と大きく異なると考えられた。

　これらの比較は、事物操作に対する志向性と、姿勢・運動の調節性を指標としたものである

が、改めて問題を整理すると、子どもが見た物に手を伸ばす行動や、物のある方向に向かっていく行動は、物への志向性や姿勢・運動の調節性に加えて、空間認知の発達にかかわる物と自己との位置や距離、物自体の空間的特性などの把握も大いに関連していると考えられる。

　乳児を対象にした研究では、空間認知の基盤となる〔自己をとりまくさまざまな空間的特性に対する気づき〕やそれへの適応的反応は、早い時期から育つと考えられている。例えば三島・山下（1995）によると、乳児は音源定位や、急速な物体の接近への反応などから空間や外界についてのなんらかのまとまった原初的認識をもって生まれてくるとみなすことができるという。そして生後４、５ヵ月を境に、視覚によるリーチングのコントロールをはじめとする知覚－運動系の協応、知覚情報間の協応がすすみ、新たな水準での空間認識がはじまる。生後８ヵ月以降になると、手による探索や自己移動をはじめとした能動的な探索システムの進展にともない、空間やモノへのより強固な表象を伴う空間認識となり、さらに生後18ヵ月以降から柔軟さを伴った概念的水準での空間認識へとすすむとしている。外界との活発な相互作用や能動的な探索活動が始まる８ヵ月頃が空間認識の１つの区切りとみるならば、手による外界とのかかわりが始まったばかりの初期段階の子どもたちの空間認識の様相も、より細かく捉えていくことが必要であると考えられる。

　本研究は、初期段階の子どもの外界との相互作用と空間認識の発達について検討しようとするものである。対象事例は、Ⅰ層 感覚運動水準から知覚運動水準に当たる事例である。行動はおとなしく、強い情緒不安や拒否はないため一見すると場面への参加はスムーズであるが、本児の外界への気づきは漠然としていた。特に発達を大きく特徴づけていたのは、本児が目的的に歩くことや部屋の移動が困難であるなど空間認知につまずきを示していた点である。課題での事物操作は意欲的で、基礎的な物と物の関係理解も獲得していたが、その姿に比べると本児の空間認知はつまずきが大きいことがうかがわれた。そこで、本事例では対象児を事物操作に比べ、移動－空間探索を苦手とする子どもとして位置づけ、認知発達を促す課題学習での変化を追いながら、空間認知のつまずきとその拡がりについて検討することを目的とする。

3　アセスメントと見立て

（１）対象児の概要と行動観察

　生活年齢４歳台から２年間のかかわりをもった重度の知的障害児（A児）である。個別指導は１回50分、２年間で計56回実施した。

　３歳より独歩は可能となっていたが、まっすぐに目標にすすまず目についた刺激で立ちすくむことや座り込むこと、歩き出した方向と別の方向に振られていくなどが多かった。床に座った姿勢から立ち上がり移動することが難しく、歩行を促そうと身体に触れると嫌がるため、最終的には抱いて移動する以外方法がないことが保護者の主訴の１つであった。屋外の広い空間では、地面の線や模様を見ながら歩き続けるなどしており、遊具に自ら向かうことはなかっ

た。

　表出は全般的に弱く、持続しにくかった。着席はでき、目立った拒否もないが、外界への気づきは漠然としており、視線が定まらず、目の前の人の動きも気がついていなかった。食事場面でも、フォークを軽く握り刺そうとするが、手の操作が入ると目がそれやすく、見ることが始まると手の動きが止まっていた。音楽や歌、楽器などを介した活動や、揺さぶり・くすぐりといった前庭、触覚系のかかわりにはいくらか表情の変化があったが、身体への接触や声かけはかなり強めにかかわることでようやく気がつくことが多かった。かかわりがないと自分の世界に入り、手に持つ物を打ち合わせたり、口に当てるなどしていた。

　個別場面でも、対面したセラピスト（以下 Th）に視線を合わせることはなく、Th の洋服の模様に見入っていた。しかし、机上にプットイン教材などを出すと手は伸び、入れる操作は獲得していた。ただ、手の操作が起きると目がそれやすく、見ることが始まると手の動きが止まる傾向は、個別でも多かった。機嫌の良い時にア、ア・ウーの発声がわずかに聞かれるが、全体的には表情は硬く、笑みが少なかった。音、歌、楽器など聴覚系の組み合わせでのかかわりや、揺さぶり・くすぐり遊びにはいくらか反応があるが、ほかの場面ではかなり意識的な強めのかかわり、ことばがけでようやく気がつくことが多かった。

（2）見立てと支援目標

　感覚と運動、受容と表出の繋がりが弱く、前庭感覚、触覚、聴覚など初期感覚で外界に気づくため、発達水準は感覚運動水準から知覚運動水準と考えられた。対象に向かって移動することや顔を向けて定位するなど明確な運動表現は少なかったが、個別の課題学習場面では特定の教材にリーチングがあり、刺激が整理された場面で対物操作を促すことで、感覚受容と初期の知恵の育ちを促すことを目標とした。

4 臨床経過

Ⅰ期（CA 4：4 ～ 4：10）手ごたえのある事物操作への能動的、反復的かかわり

　Ⅰ期は、因果関係理解や視知覚、手の操作性を中心にアセスメントをしながらすすめた。特徴的な目と手の使い方ではあるが、基礎的な対物認知は育っていることが確認できた時期である。当初かかわりの中で発声や表情の変化はほとんどなく、A児の関心はもっぱら教材に向いているように感じられた。

〈事物操作〉

　開始当初から、容器に物を入れる関係理解・終点理解は確実で、缶にボールを入れる課題や電池入れ課題などは繰り返し飽きることなく取り組む。棒から玉を抜いて缶に入れるといった運動の調節が必要な課題も、ゆっくりとした手の動きでそれほど試行錯誤せず扱うことができていた。しかし、その際視線は手元から離れた方向にぼんやりと向けられており、しっかりと

対象を見ている様子がなかった。

〈目の使い方〉

　課題場面での目の使い方には、以下のような特徴が認められた。

・物を取る際、A児の視線は対象を定位せずに手を伸ばし取る：例えば電池入れ課題で、電池をA児の正面・左右どこに提示しても、ほとんどその位置を見ずに視線は正面を向いたまま手だけが電池に到達し、つかむ。視覚は正面方向に向いていることが多く、目で見て運動を起こすことを苦手としていた。

・特定の視覚刺激に振られやすい：手は目の前の教材に触れ、操作をしようとしているが、目は正面に座るThの洋服の模様を凝視している様子が頻繁にみられる。凝視している間は、物を持ったまま手の動き、姿勢が止まってしまう。Thが動いたり、A児の体を触ると一旦凝視が終わる。図と地が分離していないように思われた。

・奥行空間や縦方向の空間の定位が難しい：電池入れ課題を縦に置くと、奥側の場所を定位できず、うまく入らないので怒る。輪抜き課題は、1〜2方向はかろうじて達成するが、3方向になると取れずに怒り、手を離していた。輪を棒にさそうとするが、まだ棒の先ではなく根元につけようとしていた。全体的に視覚で捉える区間が狭く、手前側の空間を中心に見ているようであった。

　課題学習では、物を取る時に手だけが到達し、目で定位しにくい様子に対して、物を取るときにA児が見るまでThが物を押さえておく方法を取り、運動感覚的に手が物をつかんでいる（うごかない）状態に気づき、そちらを見ることを促した。

〈手の使い方〉

　物を持つ時は指先でつまむようにすることが多く、大きな物や重い物はうまく持てずに嫌がっていた。触覚過敏があり、プラスチックの具体物などは瞬間的に手を引く。人から手を触られることにも不快を示し、正面から手を添えて動きを介助すると怒ったように手を引く。しかし木製の教材の角などは、ザラザラした感触を受け止めているようで、好んで触り続けていた。指導の間隔があいた時や体調により触覚過敏が強く現れる日があった。

〈興味の対象、手段の繋がり〉

　取る・入れるなどシンプルな手ごたえのある操作には興味を示すが、市販の玩具やスイッチ教材、キーボードなどの光や音のフィードバックに対しては反応が弱く、手を引くなど拒否的な姿も多かった。手ごたえのない操作で因果関係や結果を予測することが難しく、そのため押す手段も未獲得であるように思われた。この時期は、自発的な手の使用を優先したため拒否的な物はすぐに止め、玉入れや電池入れ教材、タンバリンなど自分の手で音を出すものを中心に使用した。手段の繋がりとしては、同一手段の繰り返しは確実な段階であるが、ボールを入れてバーを引くなど異なる手段の組み合わせは未獲得であった。本人なりに難しい操作への拒否感があり、少し行き詰まると手を引く、怒って払いのけるといった行動に繋がっていた。

〈課題のステップアップ〉

　Ⅰ期の後半は、見分ける力を高めるため A 児の好む課題の終点を 2 つにし（容器と棒）、弁別を促した（4：7）。A 児の課題方略は、まず一方の側（多くは右）にもっていき、容器や棒にぶつかって違うことに気づき、反対側にもっていくというものであった。この時一度正解の位置がわかるとその後は目で行き先を定位せず手だけで入れにいく傾向であった。○△□の型はめも取り入れた（4：10）。3 種の位置が接近していればパターン弁別で多少試行錯誤をしながらはめきることができるが、間隔をあけると真ん中にもっていくことが多く、不正解になりやすかった。シンプルな教材への興味は依然高く、Ⅰ期の後半からは気に入った教材は自分で始点に戻して操作を続けるようになった（容器に入れた玉を再び棒に戻していくなど）。

〈ミラリングの気づき〉

　母親から好きな手遊びを少し真似するとの情報を得たこともあり、試みに楽器を介したやりとり場面をつくったところ、思いがけずかかわりの糸口を見つけることができた。例えば、タンバリンを机に置いて本人が両手で叩くところに Th が同じ動きを真似すると、それに気がついたかのような動きの調整が見られたり（4：5）、A 児が鈴を振っている時に Th が『キラキラ星』を歌うと、歌が終わる瞬間にわずかに表情がなごむ様子がみられるなどした（4：6）。特定の好きな手遊び（『たまごをポン』など）にも、部分的であるがそれらしく手を動かそうとしていた。黙々と課題に取り組む中で、A 児の思いがけない一面を見ることができた。

〈移動場面での難しさ〉

　移動の誘導は、順調にはいかないことが多かった。特に A 児が床に座った姿勢でいる時に、立って動くことを伝えることは、手や体を触られることへの拒否もあり難しかった。そのため、部屋の移動場面では何とか手を繋いで数歩歩くか、最終的に抱いて移動することが多かった。登園や降園の際の移動場面でも同様に、立ちすくむことや座り込むこと、歩き出した方向とは別の方向に振られる姿がみられていた。

Ⅱ期（CA 4：11〜5：10）見分ける力の伸びと空間の移動へのアプローチ

　Ⅱ期は、動機づけの高い弁別課題のステップを上げ、具体物の分類や絵カードのマッチングに移行した時期である。課題の進展にともない、単発的ではあるが Th の反応への期待も芽生えてきた。苦手としていた移動に対しても、物の認知を利用してアプローチに繋げることを試みたので、その点も詳しく述べたい。

〈目の使い方〉

　Ⅰ期からⅡ期にかけて、視知覚課題での目の使い方には以下のような変化がみられるようになった。①手探りのようにリーチングをすることは少なくなり、目で見ながら手を伸ばすようになる。②2 つの物の見比べで、容器の特徴を視覚的に判断し、見て弁別するようになる（ビー玉の缶入れで、フタのある・なしを視覚的に判断し、正解を定位できるなど）。対応弁別の形式も取り入れていき、容器の特徴に合わせて、積木とボールを見比べることも予想以上にスムーズに達成することができた（5：5）。③方向の知覚が育ち、3 方向の輪抜きができるよ

うになる。(5：6)。課題場面では集中できる物が多くなり、服の模様を凝視するなどⅠ期に
みられた特徴は目立たなくなっていった(課題以外の場面ではこの通りではない)。カバサや
カリンバなどの楽器で音出し遊びも好むようになり、触運動感覚を介した物とのかかわりにも
拡がりがうかがわれた。

　入れるから分ける課題へ、容器の弁別から絵の弁別へ：上記のような基礎的な視知覚の伸び
に伴い、弁別課題のステップアップを図った。まず具体物の分類(りんごとバナナ、くつとコ
ップなど)を導入した。これはほとんどお手つきなく正解の場所に入れることができた(5：
0～5：1)。さらに、具体物と絵、切り抜き絵カードと絵カードのマッチング(重ねておく)
に移行した(5：4)。これもよく意味を理解し3種程度見分けてマッチングすることができ
た。これらの弁別課題で、A児は右側の空間が優位で左側を見落とす傾向が明らかになり、
左側の空間に正解を置くよう心がけた。

〈手を合わせるやりとりの芽生え〉

　課題学習の前に、遊戯室で粗大遊びの時間も取り入れたところ、揺らし遊具など要求意欲の
高い遊具で大人が手を差し出すと、その手を叩くことが要求の意味をもつようになった(5：
4)。課題場面の中では、揺らし遊具ほど明確な要求行動はみられないが、教材に興味を示し
て身を乗り出す・手を伸ばすという姿勢の変化はⅡ期中盤から見られるようになってきた。ま
た、Th の反応への期待が芽生えてきた。例えば、1つの課題が終わるごとに「できた」と
Th が手を合わせるよう働きかけてきたところ、5：5頃から Th の手を見て比較的早く
(2、3秒)A児も手を差し出すようになってきた。弁別課題で正解を置いた場所を A 児がト
ントンと叩く仕草も終点として定着し、Th も A 児の手の上からトントンと返すと、時折タイ
ミングよく笑うということもでてきた(5：6)。

〈空間の移動〉

　5：0頃より、園内の廊下で「壁を触り上方を見ながら歩く」行動が観察されるようになっ
た。同じ頃グループ指導の中でも、「窓枠や壁のラインを斜めに見ながら廊下を歩く、ドアが
空いている部屋をのぞくようになる、廊下の角を曲がって個別指導室の方向に歩いていく、出
てきた部屋を振り返る」などの行動が観察された。5：3から、個別指導室に入ると入り口正
面の仕切りの奥へまっすぐ向かい、箱の中から鈴など好きなものを出して遊び出す姿が見られ
るようになったほか、課題終了時にドアを開けると自分から立ち上がってそちらに向かうこと
が増えてきた。しかし、床から立ち上がって移動へ繋げることや、スムーズに特定の場所に向
かうことは依然難しかった。調子が良い日は教室の移動で手を繋いで歩けるようになったが、
まだ抱いて移動することも多い状態であった。空間の移動に対する支援として、5：3から弁
別課題を机上ではなく少し離れた場所(普段の椅子の位置から2mほど先)まで持っていく
形式を試みた。A児は入れに行く時は目的的に向かうことができるが、振り返って戻るより
前にその場所で感覚的な遊びになったり、振り向いて歩きだすがくるっと向きがかわり、方向
がわからなくなる様子であった。日により反応は異なるが、5：6に初めて、介助がなくて

も、戻ってくることができた。さらに 5：6 からは指導室への移動に好きな教材（電池や色鉛筆）を手渡して、立ち上がる→歩き出すという行動の始点をつくるよう働きかけた。このような始点のつくり方は、A 児の手を持って誘うよりも若干スムーズではあったが、歩き出すと必ず途中で物を落としていた。部屋の入り口で再度持たせると、机の上の容器をめがけて入れに行く→そのまま椅子に座るという流れができるようになった（5：7）。

Ⅲ期（CA 5：11〜6：3）興味の拡がりと手を介したやりとりの芽生え

　Ⅲ期は、それまで集中していた教材に対して、やや興味が低下している様子がみられたので、市販の玩具も含め教材のレパートリーを拡げることに重点をおいた時期である。結果的にこの興味の変化の時期が、A 児の他者への意識が格段に伸びた時期となり、当初は予想しなかった親しみのあるやりとりを経験することができた。

〈目の使い方〉

　電池入れなどには興味が低下してきたが（机の下に手を入れたままださない）、切り抜きと絵カードのマッチング課題は、Ⅱ期に続き意欲的であった。パターン弁別の形式であれば、枚数が12枚まで増えても概ね弁別ができるようになった。ただし、試行回数が後半になると見分けが弱くなり、記憶で代償しているかのような応答がしばしばみられた（1試行前と同じ位置に重ねようとする）。対応弁別は、やや不安定な達成が続いたが、木枠の中から選択させるようにしたことで手を出さず見るようになり、2〜3枚の中から見分けて選択ができるようになった。両手の協応操作（ひも通しなど）も取り入れ、介助を受けながらも目がそれずに見続けられるようになった。この頃、多少操作がうまくいかない場面があってもすっかり操作をやめてしまうことは少なくなり、Th が少し待ったりやりやすいように位置を変えるなどの援助を支えに「やり直し」ができるようになった。

〈興味の変化、Th との手叩き遊びを介した笑顔の出現〉

　教材への興味の低下をうけて、新しい教材や市販の玩具類も提示した。物への興味が Ⅰ期より確実に拡がっており、2つの手段を繋げる玩具も気に入ったものは30分近く操作し、遊ぶようになった。その中の1つが、お絵かきボードで、これは「なぐりがきをする→消す→再び描く」と手段の繋がりが見られたばかりではなく、「消した後に自分で拍手をする行動」さらに「Th に手を叩いてほしいと自分から手を差し出す」「笑う」様子がはっきりと現れるようになった（6：1）。この時横にいる母親や正面の Th としっかり目があっており、初めて確かなアイコンタクトが成立するようになった。楽器を介したかかわりも、指先でつまむ形ではあるが、ばちを持ち続けるようになったことで楽しめるようになり、歌いかけに合わせて叩く場面もみられるようになった。

〈空間の移動〉

　教室の移動や室内での移動は、いくらかスムーズになる。廊下まで出るとスタスタと教室の方向へ向かう、入室してすぐに衝立の奥の教材に向かい、キーボードで音を出すなどするよう

になった（5：11）。また、課題の終了時に Th が机をずらすとスッと立ち上がる、教室のド
アを開けると立ち上がるなど、周囲の空間の変化に気がつき行動を起こす場面が増えてきた。
小集団療育の中でも、物と物の関係づけの力を利用して〔お弁当を特定の場所から持って自分

表13　A 児の発達経過

	事物操作	空間の把握　移動・探索	A 児と外界の関係
Ⅰ期 4歳4ヵ月〜4歳10ヵ月	・電池と容器、積み木とボックスのように機能的に規定された物と物の関係理解・終点理解は確実。 ・自分で終点から始点に戻し操作を繰り返す。 ・電池入れを縦に置くと奥行き空間の見落としがあったり、輪抜き2方向以上は難しい。	・机上での教材操作場面が最も空間を捉えている。対面する Th の洋服の模様に目を奪われ、手が止まる。空間が近接してしまう。 ・楽器を介した場面でわずかにミラリングに気がつく様子がある。 ・移動全般が不安定である。	・机上の物にはよく手を伸ばす。しかし、そこでの他者への気づきは弱い。 ・1点を見つめていることが多く、視線の動き、表情の変化が乏しい。要求表現が極めて少ない。 4：3 眼鏡の使用が定着 4：5 食べ物の好き嫌いが出る。おかずを見て、判断する。
Ⅱ期 4歳11ヵ月〜5歳10ヵ月	・2つの物の見比べを導入。 ・容器の特徴を視覚的に判断し、見て弁別するようになる。 ・3方向の輪抜きが達成。 ・手で触る楽器で音だし遊びを好むようになり、触運動感覚を介した事物操作が拡がる。 ・切り抜き絵と絵のカードマッチングに興味を示す。	・手元の空間から、対面する Th の動きに気づきがでてくる。 5：3 頃から、個別指導室に入ると入り口正面の仕切りの奥へまっすぐ向かい、箱の中から好きな物を出して遊び出すようになる。また、課題終了時にドアを開けると自分から立ち上がって向かう日が増える。 5：9 少し高さのある場所に座ることを好む。家でも大人の椅子に座っていることが多くなる。	・枠組みがしっかりした環境であれば、自発的な動きが増える。探索的な動きが少しずつ出てくる。 4：11 遊園地で周囲の状況を怖がり泣き顔で過ごす。 5：0 廊下の窓枠やラインを斜め見しながら歩く。滑り台を利用した空き缶ボーリングで1人遊びをする。
Ⅲ期 5歳11ヵ月〜6歳3ヵ月	・繰り返し行なってきた課題への飽き、新規性のある市販の玩具への興味が拡がる。 ・2つの手段が繋がる。 ・絵カードのマッチングには興味が持続し、パターン弁別形式で12種程度を弁別できる。木枠があれば対応弁別もでき始める。	・廊下まで出ると次の教室へ向かえるなど、よく知った空間の中でいくらか移動がスムーズになる。 ・お弁当を持って席に向かうことができるなど、物を手がかりにした移動が始まる。 5：11 課題終了後机をずらすとスッと立ち上がり動き出す。	・Th の拍手を期待し、操作の終わりに手を差し出すなど、拍手が終点の意味をもつようになる。柔らかい表情や微笑みを返すようになる。 6：1 保育所に迎えに来た母の声に気づき、初めて笑う。 6：2 Th が横で歌をうたうと、姿勢を変えて接近し、膝の上に乗って喜ぶ。

の席まで行く〕ことや、〔下駄箱から自分の靴を取り振り向いて玄関まで持っていく〕ことに取り組み、定着した。簡単なサーキット活動でも気に入った場所（箱をまたいで歩くなど）を往復するようになった（**表13**）。

5　考察

（1）視知覚の評価と発達経過の整理

　A児は対面する場面により、大きく様相の異なる子どもであった。日常場面では、表情の変化が少なく、視線がどことなく定まらない、動きがまとまらない印象であった。しかし、課題場面では予想に反して教材に興味を示し、手を使う操作が持続することがわかった。特に、物を容器に〔入れる〕終点の理解が確実であったことは、手の操作レベルとしては大きな意味をもっていたと考えられる。光や音のフィードバックが確実な終点にならないなど、因果関係理解が十分ではない中で、唯一入れる終点理解が確実であったことが、課題学習への動機づけや課題のステップアップを支えていた。

　当初A児の目と手は極めて協応しにくく、リーチングは、手探りのような動きで対象に到達していたり、手を伸ばしかけても目は別の刺激にひきつけられてしまい動きを止めて凝視する状態であった。課題を介したかかわりを通して、視知覚の特徴を以下のように整理することができた。

・目で見て運動を起こすことが苦手で、手を伸ばす方向や対象に視線は向けず、手探りで物を取る習慣ができている。しかし、手探り様といっても大幅にぶれるものではなく、ほぼ正確に到達していた。容器の入り口に合わせて物を入れられる様子からも、目と手の協応が必ずしも未発達であるとはいえず"見ていないようで見ている"部分があるといえる。手遊び場面も同様で、一見A児のまなざしは他者を「見ている」と受け取りにくいものであるが、視野内では捉えていることがうかがわれた。

・対象物を環境から分離して捉える図と地の問題や、空間の問題（狭さ）が重なっているようで、教材を見ていたかと思うとThの服の模様に見入る、縦に並べた容器の奥側を見落とすなどの傾向が認められた。これは、日常生活でもなかなか刺激に対して反応が得られにくく、間近な刺激に見入りやすい状態と重なっていると考えられた。

　目と手の協調性の発達過程では、手の触覚的接触を感知することがその第1段階であると考えられている（Erhardt, 1990）。しかしA児は当初、視覚のほうが優位でそれもErhardtのいう焦点視ではなく、環境視と呼ばれるような空間の凝視に近いものであり、手が物をつかんでいてもその触覚的感知がうまく育っていなかったと思われる。

　そこで、Ⅰ期では動機づけが高く、失敗のない基礎的な視知覚課題を繰り返し重点的に行ない、手を伸ばした先にしっかり目を向ける機会を増やすよう働きかけた。具体的には、物を取

る時に A 児が見るまで Th が軽く物を押さえておく方法をとることで運動感覚的に手で物を
つかんでいるという状態に気づき、手元を見ることを促した。

　Ⅱ期では目と手の協調が進み、運動的ではなく視覚的に弁別することが、安定した力となっ
ていった。A 児は入れる操作や、重ねて置く終点をよく理解していたことが改めて確認され
た。Ⅱ期が物優位・課題のステップアップを中心に働きかけた時期であったとすると、Ⅲ期は
人優位の時期であったと言える。Ⅰ期からⅢ期まで重点的にかかわってきた点は目と手の協応
性と見比べる力に集約されるが、Ⅲ期では表情の変化や初期的なコミュニケーション行動の芽
生えもみることができた。このような人への気づきは、課題場面の文脈でみると「終点の理
解」と関連していた。すなわち課題の終点を Th と共有する形で拍手や手の差し出しがでてき
たと考えられる。また、Ⅲ期は目新しい物によく手を伸ばしていたことから、目と手の協調と
終点理解という知恵の基盤を通して物への志向性が拡大したと考えられる。

　以上の経過を総括して、課題を通してみた A 児の発達的変化を以下に挙げる。

・目と手の使い方と対物認知の変化
　目と手の協調性が未発達な状態からいくらか調整された動きになり、見比べる力や物と物の
　関係理解、手段の繋がりに伸びがみられた。
・終点理解の拡がりから発展した他者への肯定的な気づき
　拍手や手を重ね合わせる終点に気づき、向き合う他者への反応の期待や笑顔の出現、失敗場
　面での調整といった対人面での柔らかさがみられるようになった。物の関心に比べ、人から
　の働きかけへの気づきにくさがみられたが、向き合う場面で一定の原則で働きかける中で
　（終わると手を合わせる）、他者への肯定的な気づきが生じたと考えられる。
・物を手がかりとした空間の移動の拡がり
　A 児の外界とのかかわりは、椅子に座り姿勢を保持し、現前にある始点 − 終点が明確な教
　材にかかわる場面と、立ち上がって動く場面では、目的の意識の仕方に大きな違いが認めら
　れた。そこで A 児が得意とする物と物の関係づけの理解を利用し、物を持った教室の移動
　を設定したことで、空間の移動の拡がりを促すことができた。

（2）空間認知のつまずきと支援

　初めに述べたように、A 児は事物操作に関する認知に比べて、空間の把握、空間の移動が
明らかに難しいという点を特徴としていた。具体的には、絵カードの弁別が成立する段階にお
いてもなお、まっすぐに目的に向かうことや距離のある移動、屋外での移動は困難であった。
歩き出した方向を維持できず、途中で体が回旋していく様子がみられたり、そのような方向の
不確実な定位にかわって床や壁の模様を手がかりにすすむ様子が見られた。このことは、A
児にとって椅子座位で捉える近接した前面空間に比べて、移動場面で捉える身体を軸にした前
後左右の空間の認知が極めて困難であったことを示唆している。空間の認知が困難であること

は、靴の着脱や着替え、排泄動作といった身辺処理動作が容易に獲得されにくかったことにも
関連しているであろう。一般的に身辺処理の基本的動作は、自己の身体感覚への気づきと、特
定の場所と動作の結びつきにより獲得し始めることが多い。例えば、玄関に座ることで、靴の
着脱を開始する、膝に当たるズボンの感覚を通して、ズボンを引き上げるなどがそれに当た
る。A児は、玄関まで来て座ることができても、どこか特定の刺激に目を奪われていること
が多く、空間全体をまとまりのあるものとして捉えていない様子がうかがわれた。また、足元
に手を伸ばすなど見えない対象（方向）を視覚や手で定位することは、たとえ自己の身体であ
っても困難であった。

　空間を捉えるということは、常に対象が自己にとってどの位置、向きにあるのか、あるいは
自己が空間内のどこにいるのかを認知することである。その意味で視空間の定位は、単なる視
覚情報の処理ではなく、視覚情報を自己身体に関連づけることによって成立するといわれてい
る（積山，1995）。

　視覚情報と自己身体の関連づけは、乳児の研究では、生後6ヵ月までに準備される視覚−固
有受容感覚−平行感覚系の統合と、身体軸を中心とした環境視（where）と焦点視（what）
の発達を出発点としている（三島・山下，1995）。また空間定位における運動系（触運動感覚）
の働きを重視する立場では、手の表象が人間の空間定位や運動遂行の基本にかかわる重要な概
念であることが強調されている（積山，1997）。積山の指摘によれば、手は自分自身で見るこ
とができるため、触運動的に経験されるばかりではなく、視覚的にも経験される特徴をもつこ
と、従って手の表象は視覚と身体像の発達において重要な基礎になるという。A児の臨床像
はまさに、外界を見ることや空間を認知することが、自己身体の気づきと大いに関連している
ことを明らかにしていたと考えられる。その関連を整理すると、ⓐA児が触覚過敏により、
手を媒体にした事物、空間の認知が育ちにくく、ⓑ視覚定位や追視の困難にみられる視機能の
つまずきを有していたことで、ⓒ環境視・空間視の困難があり、ⓓそれらが自己身体の気づき
や移動、身辺処理動作の困難に影響していたと考えられる。

　図22に、A児の空間認知の発達プロセスとその困難さを代償していたと思われる行動を示
した。空間の分類には諸説あり、空間の規模から小規模空間、大規模空間と区別したり（山
本，1995）、構造的な変化からは行動空間、知覚空間、シンボル空間の発達過程の中に、さら
に物理的空間と心理的空間の分化をみるものがある（加藤，1995）。A児は、椅子に座ってい
る場面と移動場面では反応が異なること、移動でもよく知っている場面と知らない場面とでは
さらに異なることから、図のように整理した。よく知っている教室内では、弁別項をもって短
い距離を移動したり（Ⅱ期）、お弁当を持つと自分の席まで向かっていくことができるように
なったこと（Ⅲ期）などから推測すると、A児の空間の把握や移動は、物を手がかりとする
ことが支援の1つの方法であると考えられる。また、椅子にのぼる、簡単なサーキットを往復
するなど（Ⅱ期）、遊具の空間的特性に合わせていくことも、空間の移動や把握の基盤になる
力を育てると考えられる。

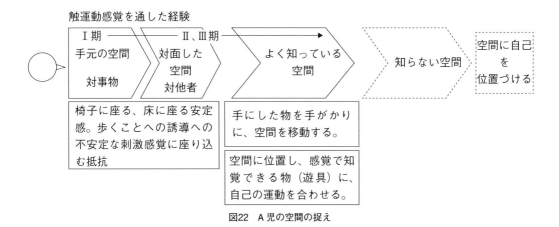

図22　A児の空間の捉え

　子どもの空間認知障害に関する研究は、大人のそれより障害が顕在化しにくく、それだけを独立して扱えないことから、非常に困難であるといわれている（杉岡，1995）。また、対象とする場合でも積木構成の障害など高次の空間表象に関するつまずきが検討されているが（積山ら，1984）、発達初期段階での空間定位、空間知覚に関する研究は筆者の見る限りほとんどないようである。A児の実践から初期段階の子どもの中でも、あるタイプの子どもは事物操作に比べて空間把握に困難を示すことが示唆され、早期からその兆候を把握し、支援の手立てを検討することが重要であると考えられる。

6　結論

　外界への気づきが弱いA児に対して、事物操作を通して認識の世界が拡がることに重点をおいてかかわった。認知指導の基本的方針は「運動（手）を起こして目を使うこと」であり、これは2年間一貫して取り組んできた課題であった。Ⅰ期では、教材操作への能動性を引き出し、手ごたえのある事物操作を繰り返すことで、特徴的な目と手の使い方はあるが、基礎的な対物認知は育っていることが確認できた時期であった。Ⅱ期は、物優位の時期で、弁別課題のステップアップを計った。Ⅲ期は、課題の達成に拍手をして笑うことや、反応を期待して自分の手を差し出すなど人とのかかわりの面で変化がでてきた時期であった。Ⅱ期に比べ、人優位の時期であったといえる。結果、①手ごたえのある事物操作を十分に経験し、手の操作性の有効性を見出すことで、目との手の協調性が高まり、物へのかかわりが拡がること。②①の変化は、向かい合う相手の動きにも目を向けることにも繋がり、そこでの人との関係の促進に貢献することが明らかとなった。A児は、入れる、置くという終点理解は成立しており、このことが初期の認知発達において非常に重要な発達要因になると考えられた。A児は事物操作に関する認知に比べ、空間の把握や空間の移動に困難さをもち、これは手による外界の操作を通して獲得される身体表象のつまずきと関連があると考えられた。課題を介したかかわりは、こ

のようなアンバランスの評価に重要な情報を与え、日常場面では見えにくい発達の強み（終点理解が良い、目と手は協応しないが比較的上手に扱う、聴覚刺激への気づきがある）や、そこでの子どもなりの対処行動（視覚的注意の弱さを記憶で代償しているようであること）を確認することができた。また、椅子に座る場面と床に座る場面、移動場面では後者ほど働きかけに気づきにくく、混乱した反応がみられるなど状態に差があることなど、いずれも A 児を評価するうえで重要な事柄がかかわりを通して明確になった。

文献

Erhardt, R. P. (1990) DEVELOPMENTAL VISUALDYSFUNCTION Models for Assessment and Management. Therapy Skill Builders, Arizona. 紀伊克昌監訳 (1997) 視覚機能の発達障害—その評価と援助—. 医歯薬出版, 55-57.

池畑美恵子 (2001) 初期段階にある受動—能動タイプ 2 事例の発達過程の検討—外界へ向かう認知と志向的姿勢を中心に—. 発達臨床研究, 19, 45-57

加藤義信 (1995) 空間認知研究の歴史と理論. 空間認知の発達研究会編　空間に生きる—空間認知の発達的研究—. 北大路書房, 220-249.

三島正英・山下由紀恵 (1995) 乳児の空間認知. 空間認知の発達研究会編　空間に生きる—空間認知の発達的研究—. 北大路書房, 12-42.

積山薫・竹村保子・福田香苗・柿坂緑・石本真佐子 (1984)「積木問題」における空間表象の操作—脳性マヒ児にみられるつまずきの分析—. 教育心理学研究, 32 (2), 110-116.

積山薫 (1995) 空間視とその発達・障害. 乾敏郎編　認知心理学 1 知覚と運動. 東京大学出版会, 193-216.

積山薫 (1997) 身体氷像と空間認知. ナカニシヤ出版.

杉岡幸三 (1995) 障害と空間認知. 空間認知の発達研究会編　空間に生きる—空間認知の発達的研究—. 北大路書房, 191-206.

宇佐川浩 (2004) 発達障害児支援のための発達臨床類型と発達アセスメント. 発達臨床研究, 22, 3-32.

山本利和 (1995) 日常生活空間の認知と目的地への移動. 空間認知の発達研究会編　空間に生きる—空間認知の発達的研究—. 北大路書房, 121-137.

第 8 章
聴覚優位な自閉スペクトラム症児の
自己像発達の理解と支援

1　概要

　対象児は、情緒不安の強い聴覚優位傾向の自閉スペクトラム症児であった。場面に合ったフレーズ表現は多いものの理解の幅は狭く、不安場面でしゃべり続け、動きの制止や調整が困難であった。情緒の安定に向け、他者の意図理解や場面理解を高め、さまざまな状況や変化に対する対応力の向上を図ることをねらい、学習や象徴遊びを通した認知・コミュニケーション支援に加え、姿勢調整と音楽表現を促す音楽・運動療法にも重点を置いた。その結果、目標としていた情緒の安定は達成し、遊びや自己表現、運動活動への意欲は格段に豊かになった。その過程には、身体感覚への気づきと聴覚や視覚と運動の統合により"自分"がつくられていく様子が表れており、心理的にも身体的にも中心軸が形成され、他者との適切な距離化や交差が可能となった。Ⅱ層　知覚の世界からⅢ層　象徴化の世界に育った事例として取り上げたい。

2　問題と目的

　高機能自閉症者の手記を通して自閉症研究は新しい段階に入ったといわれる。杉山（2004）は、わが国で最初に出版された森口奈緒美による『変光星』の再刊に寄せたあとがきの中で、手記を通して国を超え、言語を超え、教育の在り方を超えて自閉症体験の普遍性が明らかになったこと、自閉症のパニックや症状の背後にはそれなりの理由や意味があること、症状として十把一絡げにされていたものの一部は、明らかに不適切な対応などによって二次的に生じるあるいは増強されて生まれるものであることを指摘している。手記を通して、それまで自閉症の症状の特異性とその改善に向けられていた自閉症研究は大きく変わり、自閉症の内的世界、体験世界をどう理解するかに目が向けられるようになった。

　しかしながら、実際には自閉症の内的世界、体験世界を理解することはたやすいことではない。環境の構造化や情報の視覚化といった自閉症児に有効とされる技法が確立すればするほど、現実的な問題解決を優先することや、「その人の苦手とする部分だけを抽出して、そこにてこ入れするためのトレーニングを導入するという発想（田中，2009）」に陥りやすくなる。特に、内的世界の中核をなす情緒や自己といった側面は長期的な時間経過の中で、さまざまな発達要因、環境要因との関連の中で捉える必要があるため、具体的なスキルの獲得を目標に掲

114

げるほど自己の育ちは見えにくくなると考えられる。

　筆者は自閉症児の著しい情緒不安の背景には、身体感覚および身体自己像の未発達が深く関連していることや、象徴レベルで自己を対象化し始める段階になると、単に“いま、ここ”の状況に対する不安ではなく、自己や他者の関係に根差した不安や自己を取り巻く時間的展望の中で生じる不安に移行することを明らかにしてきた（池畑, 2009, 2010）。自閉症児は独自の感覚・知覚体験が、不安、恐怖といった感情統制にかかわる困難さに直結しやすく、そのような外界への不安や警戒心は、自らの身体機能の不具合や身体を通した外界とのかかわりにくさにも影響していると考えられる。情緒不安それ自体は子どもの自他の分化や自我の発達という視点からみればごく自然な心的発達ではあるが、対人的かかわりやことばによる感情調整、不安調整に困難をもつ自閉症児は、さまざまな発達段階で拡大、固着化がすることがあり、情緒的安定は優先度の高い支援目標の１つである。本研究では２年間のかかわりから、パニックが顕著に減少し、遊びや自己表現が拡がりをみせた過程を心理的、身体的中心軸の視点から検討していきたい。

3　アセスメントと見立て

（１）対象児の概要と行動観察

　対象児（B児）は、２歳で自閉症、中度から重度の遅れと診断を受け、４歳から２年間筆者（以下 Th）と共同担当者（以下 ATh）が個別および集団療育でセラピストとしてかかわりをもった幼児である。生育歴では強い人見知り、場所見知りがあり、全体的に動きは不活発であった。２歳後半から２語文を話し始めるが、動詞が少ないなど偏りはあった。主訴は本人の要求がすぐにかなわない場面や切り替えでのパニックの軽減とコミュニケーション、情緒不安定の波の軽減であった。

　初回面接時、玄関に到着した時点から母親にしがみつき、声を上げ興奮ぎみであった。玄関から個別相談室までの移動でもパニックぎみに混乱していたが、母親と離さず一緒に移動してもらい、入室後すぐに椅子に座らせると落ち着くことができた。緊張した様子をみせながらも、甲高い声でパターン的な応答はでき、20分程検査課題に応じることもできた。

　個別での対面時の反応は良く、母親との分離や臨床の流れもすぐに覚えるが、基本的に常に不安な様子であった。例えば、課題や活動の合間にいつも甲高い声で「ハイ！ツギハ……」と言い続けていたり、臨床終了後はソワソワと身体が動き、早く帰りたいという様子で、Th と母親が玄関先で立ち話をすることもできない状態であった。帰るとわかると、間髪入れず「サヨウナラ、マタアソボウネ！」と言い笑顔で外に出ていくなど、とにかくことばで場面を仕切ろうとしている印象であった。好き嫌いは明確ではなく、内容よりも提示方法の変更に動揺し途端に応じられなくなることがしばしばあった。集団場面でも、自分の席を安心スペースに参加はするものの活動の合間で不安が高く、自他問わず音声による興奮が見られ、発話量が増

加、発話スピードも加速していた。Th らがあえて沈黙場面を作ると落ち着く様子があり、聴覚刺激の整理は必須であった。

　感覚面では、触覚と聴覚に過敏が認められた。揺れ遊具に乗るものの足は床から離さないなど前庭感覚への不安も強かった。立位姿勢は低緊張でソワソワとしており静止は難しく、跳ねるような歩き方であった。バチ操作は肩関節から大振りするなど固有覚への入力は鈍い様子であった。コマ回しなどの回転刺激は入り込み、なかなか終わりにできないなど初期的な感覚遊びの様相も呈していた。

　認知面では、平面図形の見分けは達成するものの、簡単な入れ物と容器の弁別で誤反応が多くなるなど、手を使った事物操作の苦手さは顕著であった。見本合わせによる積木構成などは、意図理解が困難であった。家庭では絵本を読んでいるとのことであったが、単語カードで確かめるとひらがなの読みは完全ではなかった。個別の学習は30分程すると集中が落ち、独り言が増えていった。

　コミュニケーションは、多語文による発語はあるが、ことばの意味内容の理解は弱くパターン的で、質問－応答段階には達していなかった。ただし、独特な表現の中にB児なりの調整機能が含まれていると感じられる場面もあり、ことばの機能は拡がる印象を受けた（例えば、移動のワゴンが怖く乗れずにいた場面で「ノリマス、オリマス」と繰り返し言いながら、出たり入ったりするなど）。音声模倣、道具操作模倣は見られるが、動作模倣は未獲得であった。2つの玩具から欲しい方を選ぶよう選択肢を示すと動揺しており、自分で決めることの困難がうかがわれた。要求、拒否ともに明確な伝達手段は持ち合わせていないようであった。

（2）心理検査

　田中ビネー知能検査Vの結果は、精神年齢2歳4ヵ月であった。検査所見として以下4点が確認できた。

・2歳級の【動物の見分け】や【絵の組み合わせ】は通過しており、基礎的な弁別力は育っていた。

・絵を見て名称を言うことはできるが、質問の意味がわからず、絵の名前を答えればよいと理解するには教示の工夫が必要であった。また言語系の課題になると、声のトーンが上がりソワソワとした動きが増えた。

・指さしでの応答はかろうじて出ている段階で、まだ明確な応答手段にはなっていない。名称指示、用途指示は部分的に通過、大小は質問のエコラリアとなり意味理解が困難であった。

・検査後半になると、積み木がバラバラになった状況をみて大笑いをするなど急に場面回避的に興奮する様子があり、快であっても、不快・不安であっても、ともに情動調整は難しい様子であった。

（3）見立てと支援目標

　B児は一定程度、場面に合ったことば（フレーズ）の表出は認められるものの、ことばの意味理解は狭く、パターン的な理解が中心である。さまざまな場面に対する不安が発話量の増加やソワソワとした身体の動き、周期的な身体不調や活動量の低下となって表れており、その背景には感覚の過敏性と聴覚優位な情報処理の偏り、手指操作も含め身体を通した探索的な外界とのかかわりの弱さ・未学習などが考えられた。支援目標はパニックの軽減という保護者の主訴もふまえ、情緒の安定を第一に据える必要があると考えられた。特に、他者の意図理解、場面理解を高め、さまざまな状況や変化に対する対応力の向上を図ることが課題であり、そのためには苦手さが予想される視覚弁別や視覚－運動協応を高めることで情報理解と遊びを拡げること、応答や選択など基礎的なコミュニケーション力を高めることを中心目標とした。指導は、週2回で個別指導と集団音楽・運動療法を組み合わせて行った。

4　臨床経過

Ⅰ期（CA 4：7～4：11）不安を高めない学習ペースの保障と生活場面での情緒不安の整理、介入

　開始当初は、プットイン教材やはめ板弁別など言語教示を必要としないシンプルな視知覚課題を中心に据え、学習への構えづくりを重視した。模倣活動や玩具の選択活動など明らかに動揺するものは極力控えて情緒の安定を優先させたが、それでも開始から2ヵ月間は、筆者の些細な提示方法の変更やことばかけの多さなどで混乱させてしまう場面があった。3ヵ月目（4：9）からはB児にとって最適な学習のペースや量、音声フィードバックの好みがわかるようになり、徐々に簡単なイメージ遊びや積木構成、位置把握などの見本合わせ形式の学習に重点を置いてすすめられるようになった。また、聴知覚の支援として音当てや2語連鎖の理解（人形再生）、お買い物活動なども行なっていった。

　4：11より教示や問いかけに対するB児の応答性がややまとまり始め、学習の構えが安定してきた手ごたえを感じられるようになった。この頃から家庭でも母親が1日の予定に文字で「がっこう」と書くと喜ぶなど、療育場面はB児にとって期待の高いものとなるが、急な予定変更にはまだ激しいパニックになっていた。

　保護者には、パニックについて聴取を重ねながら状況を整理し、考えられる背景と基本的な対応を伝え、翌週にその結果を確認していった。その中でたびたびB児のことばと実感の不一致が伺われるエピソードが聞かれた。例えば【「幼稚園に行く！」】と張り切って向かっても、玄関先で友達数名に「B君だ」と声をかけられただけで急に不安定になり、一歩も入れず帰ってきた【休日は行先を本人が指定し、それ以外はパニックになる。それでも、○○に行きたいと言うので向かうと、「○○行かない、□□行く」とパニックに。本人が言うがままに車であちこちを回り、1日が終わる】などである。父親も交えて繰り返し伝えたことは、①B

児の認知機能の偏りと発達段階について（イメージ形成前の今の段階が最もパターン化しやすいことなど）、②無用なパニックを避ける工夫は大事だが、慎重になり過ぎたり、パニックをなだめようとするかかわりは逆効果であること、③特にことばでやりとりを重ねていく、という対処が混乱を強めている可能性が高いので、療育では本人の発言に対してあえて"答えない"場面をつくっている、という内容であった。両親ともに理解が柔軟で、B児の発達についても療育場面を通して現実的な見方に修正していった。しだいに外出先をめぐるパニックは、最初だけ希望を聞いて、あとは車中でB児がいろいろ言ってもとりあわないようにしたところ、今までよりパニックは拡大せずに外出できたとのことであった。

Ⅱ期（CA５：０〜５：６）音楽・運動活動を通した身体・姿勢へのアプローチの開始

　構造化、視覚化した課題場面では、当初見られていた"次への焦り"はしだいに減少し、苦手と思われた視覚−運動領域もさまざまな課題で取り組むことができた。また、見本合わせや模倣など他者への応じ方も十分に伸びてきたため、Ⅱ期からは全体視知覚（イメージ）やことばに重点を置き、「助詞を含む２語文の理解と再生」や「絵本再生を最初はThが読み、B児が人形操作、次はその役割を交代する」などして構造に少し変化をつけながら対面コミュニケーションを徹底した。

　その結果B児のパターン化の強みも生かした形でさまざまな課題の意味理解と応答の仕方が安定し、課題中のおしゃべりが減少、言語指示をよく聞くようになったと感じる場面が増えてきた。会話としてターンが繋がることを意識した場面でも、少しずつエコラリアではない応答が聞かれるようになり、現前に物がなくても簡単な質問を介して向き合える場面がでてきた。また、課題で名称不明の物が出てくると「これなんだ？」と尋ねることも増え、ことばを通して他者に関心を向けるようにもなった。

　このように課題場面では学習のステップが上がり、柔軟な応答が育ち始めていたが、選択場面の苦手さは依然認められた。また、集団場面も一見笑顔だが興奮気味の甲高い発話が多く、前庭遊具や楽器操作は回避するか「オシマーイ」を連呼するなど不安傾向は強かった。保護者に、集団場面では表情は笑顔でも興奮、不安は高いと思われる点を伝えたところ、家庭でも好きなビデオを見せても好き過ぎて泣きだすとの話が聞かれた。また、家では30分座っていることはまずなく、ウロウロ、ソワソワしている、自我が出てきた弟のやや強引な要求に泣きながら応じてしまいその後パニックになるなどが報告され、まだ外界の刺激に巻き込まれやすく、姿勢・運動や情動の調整に難しさを抱えていることが浮き彫りになった。

　そこで、５：２からは順調な課題学習は30分に絞り、残り30分を姿勢・運動の調整や主体的なコントロールに焦点を当てた活動を取り入れることとした。運動活動の開始当初は、ホーススイングにどう乗ったらいいのかわからない様子で乗るまでに時間がかかり、乗ってからも「ステキ、タノシイナー」と言うもののロープを持つ手は震え、足は床から決して離れないようにしていた。スクーターボードに乗っても姿勢がグラグラと不安定であることから、抗重力

機能の未発達、運動企画の弱さ、重力不安などが見てとれた。プレイルームにはホーススイングやトランポリン、坂道などを配置し、安心して遊具とかかわることを保証しながら「重力不安の軽減と前庭感覚の受容拡大」を目的に活動を構成した。完全に自由な場面は不安が高まる様子があったため、ピアノ演奏による場面整理により、ある程度活動を構造化することも意識した。また活動の一部には既に個別の課題学習で経験してきたお買い物活動などを取り入れ、そこに新たにオリジナル曲（お買い物に行きましょう♪）をつけ、プレイルームの広い空間でThの指示に注意を向けること、そのために一瞬動きを止めたり、スクーターボードに乗りながら指示を聞いたりすることをねらいとした。既知の活動からルールを発展させていく方法は不安感を高めやすいB児には有効で、すぐに歌詞を覚え喜々として取り組むようになった。オリジナル曲のメロディーは変えず歌詞を変えることで、新たなルールでの活動も展開できるようになった。

　トランポリンは当初足首のみを使用し、全身を固く緊張させて2、3回跳ぶと崩れるようにしゃがみ込む様子が見られていたが、5：4以降膝の自発的な屈伸が見られるようになり5：5では姿勢を保ちながら初めて1人で跳び続けることができるようになった。並行して音楽が鳴っている間は遊具に乗るというルールがわかるようになり、前庭遊具活動の始点－終点が明確になっていった。

　ただ、BGMとしての音楽の受容は可能であるが、B児からの主体的な音楽への参加は難しかった。さまざまな楽器で打楽器奏を試みるが、音を介したかかわりは不安になりやすく、曲中Thの手をつかみながらかろうじて叩くものの、ピアノを演奏するAThには目を向けられず、1曲を叩き続けられずにソワソワと立ち上がり離れることもあった。ばちを持つ手を頻繁に左右で持ち替える姿もあり、運動の持続性にも難しさが認められた。
〈イメージと遊びが拡がり、初めての活動や変化への対応性も増す〉
　5：4頃より、集団場面でも発話の多さは目立たなくなり、模倣が獲得され、初めての音楽劇活動にも参加できるなど対応性が増す。ただ楽器音への過敏さは残っていた。保護者からは、公園で以前より格段に遊べるようになったこと、弟とも○○屋さんや宅急便ごっこで遊ぶようになった、正月の帰省の際、前年は親戚の顔をみて泣いて入れずにいたが、今年は平気で自分からかかわっていくことができたなど、遊びの変化とパニックの顕著な減少が報告された。身辺処理についても、個別で練習した形状を曲げたスプーンと同じ物であれば、家でも使えるようになるなど、少しずつ大人が教えられる場面が増えてきたとのことであった。なお選択に関しては外食時「これはいる？いらない？」と聞くと欲しい物には「いる」と答えられるようになったが、まだ「ぼくはこれ」や「いらない」という返答は難しいとのことであった。

Ⅲ期（CA5：7〜5：11）コミュニケーションの場の整理と伝達、応答、交渉力の向上

　2年目の課題学習は、コミュニケーションの充実、学習や製作活動への参加を意図した目と手の調節性の向上、数の理解やさまざまな視点での仲間分けを通した概念形成の3点を中心目

標として組み立てた。特にコミュニケーションについては、1年目終盤頃より基本的な動作語や用途、大小の理解が確実になったため、2年目はより抽象的なことばの理解に向けた学習や文字を使った文章理解・構成の学習に入った。

　また、相互的であるかは別にして自発的な話しことばは多い点を重視し、より概念形成（思考）や関係性に生きることばにしていきたいと考え、コミュニケーションの場を整理し、発信者と応答者の役割と表現の型を明確にした言語的やりとりを重視した。例えば、ある／ない、あたり／はずれ、同じ／違う、聞こえた／聞こえないなど対になることばの理解を高め、尋ねる側、答える側を交換しながら遊ぶ、得意な視覚課題も必ず途中でルールの変更を提案したり、役割を交代するなどして相手に伝える場面を入れるなどした。

　B児はどれも最初の数試行はとまどうが、何を求められているのか、その意味がわかった時点から急速にことばの表現がまとまっていった。パペットを使ったお店ごっこで"ある／ない"を学習すると、帰宅後弟と同じような設定で遊び始めており、パターン的であっても話しことばに重点を置いた学習はB児なりに吸収していることがうかがわれた。

　視覚-運動面では、5：7から簡単な線や形の模写が安定し始めた。描く際の上体の動きが減り、終点での止め方も上手になる。この時期に、初めて本人からのリクエストでアンパンマンを描いたことがあり、以後家でも描画やぬり絵で遊ぶようになった。5：8には、初めておりがみで形のあるものを折ることができた。Th のガイドを受け入れながら、ひこうきやこいのぼりを作り、集中して遊ぶことができた。本人もとても嬉しそうに持って帰る姿があり、"自分の物"を意識し始めているようであった。母親からは「おわりね」「おふろのあとでね」といったことばがけでスムーズに切り替えができるようになったとの報告があった。

〈前庭遊具が期待感のある遊びへ〉

　音楽・運動療法は、Ⅱ期の構成とねらいを継続しつつ、伸展姿勢やバランス感覚をより確実にしていくことを目的とした。ホーススイングは、前後への揺れに対してバランスを取って乗れるようになり、ロープをつかまずホースの中間位置で乗り続け、その姿勢で輪を投げるといったバランスの取り方も可能となった。5：7で体が傾くと位置を修正することができるようになり、その頃から「ブランコがやりたい」とB児の要求が出てくるようになった。また、乗っている間はしゃべらなくなり、止まると「じょうずでしょ」と言えるようになるなど、身体感覚を自覚的に受け止め、発語を調整できるようになっていった。トランポリンも Th を注視したまま視線が安定し、その後徐々に下肢がゆるみ柔らかい跳躍が可能となった。5：11では跳ぶ時に膝の屈曲と腕で反動をつけ、腰のぐらつきもなく安定して跳躍できるようになった。

　しかし、トランポリンを飛びながらタンバーを叩くなど協応運動は難しく、必ず一旦止まって叩いていた。トランポリンやホーススイングといった慣れた活動の合間に、時折挑戦課題としてスクーターで坂道を滑り下りる、高台からトランポリンに飛び降りるといった新しい活動を取り入れていく（5：8）。以前は少しでも不安を感じると「オシマイ」を連呼し回避して

いたが、この頃には恐る恐る参加し、怖ければ手でスピードを調整したり、一度自席に戻って再び挑戦する、「のらない」「せんせいおさないで」など的確に言語化できるようになった。ミュージックパッドを使用した活動でも、1枚だけ不快な音があった場面でB児が自らそっとその1枚を取り除いて活動を続けられる場面があった。

〈パターンがあれば音楽でのやりとりが可能〉

　大きな打楽器とピアノという設定ではピアノ奏者であるAThを意識しにくく、B児も積極的な関心を示していないため構造を変更し、机上での楽器活動を中心にすすめた。ベル奏では、まず、ピアノを用いずにベルと歌だけでシンプルに関わった。B児の鳴らすベルのリズムに合わせてAThが音を鳴らし音が止まると笑顔になった。さらにベル奏に限っては音楽を止めるとB児が鳴らす、止めるタイミングはフレーズとフレーズの間というパターン的な構造をもったやりとりが可能となった。その後離れた位置でAThがピアノを弾いても、同じように自分が音を鳴らすタイミングがわかり、音楽に合わせて待ったり鳴らしたりすることを楽しみながら行なえるようになった。5：10にはThが横に座りサポートをしていなくても1人で向き合えるようになった。

IV期（CA6：0〜6：6）ことばの応答性と視点の柔軟性の伸び

　III期から取り組んでいた「ある／ない」「いる／いない」など質問者と応答者の区別がつき始めた頃より、簡単な質問への応答が少しずつ整理されてくるようになった。例えば「だれときたの？」に「おかあさん　いた」「ほかには？」「イナーイ」であったり、絵本を見た後で「誰が？」「何を？」に聞かれたことだけを答えるなどである。IV期では、相手に絵カードを見せないようにしながらクイズを出し合うなど、構造は明確にしながら表現の幅が拡がるよう支援した。また、あえてことばを発しないでジェスチャーだけで問題を出すことも課題とし、「はなさない」ことの意味を徐々に理解していった。

　ごっこ遊びは絵本のパターンを手がかりとする段階は卒業し、比較的自由度の高い設定の中でもお医者さんごっこやレストランごっこなどを結び目3〜4程度繋げ楽しむようになる。役割交代を促すとしぶしぶ応じることができ、セリフを真似て家でも弟とパン屋さんやドライブスルーごっこで役割を交代しながら遊ぶようになった。また、弟とのカーシートの取り合いに「じゃあ兄ちゃんは　帰りにオレンジ」と言って我慢ができたり、B児「○○行きます」母「今日はいかないよ」B児「この前は　行ったよね」で納得するなど、ことばで調整しているエピソードも聞かれるようになった（6：3）。課題学習場面でも予定変更があった際、一瞬崩れそうになるがThが引っ張りっこしようと持ち掛けると応じ、身体を介した遊びで立ち直ることができた。

〈主張やからかいの増加、弟との対等な関係形成へ——心理的中心軸の安定〉

　対人面でも変化の大きい時期であった。6：2より、学生が行なう個別セッションでは明らかなからかい、反抗が出てくるようになった。席につかずわざと小さい椅子に座ってみせた

り、「ぼく帰る」と言ってドアに手をかけるなどである。自己主張は家庭でも明確になり、以前は言われるがままであった弟の要求に「ヤダ」と言い、その後「Cちゃん（弟）泣き虫だから泣いちゃう？」と弟の反応を気にするようになる。「Cちゃん○○やりたいな」と自分から誘い、指示をして自分のやり方で遊ばせようとしたり、弟が「もうお兄ちゃんと遊ばない」と言うと「イイモンダ」と言い返す、それでも弟が泣くと慌てて優しくするなど、弟との対等な関係が形成され、情緒的なかかわりが増した。ジャンケンで勝つと大げさに喜んでみせるなど、ずいぶん"自分"がでて、子どもらしくなってきたとのことであった。

　同じ時期から、家ではしきりに袋を欲しがり、そこに自分の大事な物や描いた紙などをとにかく詰め込んで持ち歩き、外に行く際も手放さないようになった。センターでも自分で描いた絵に必ず名前を書き、「全部持って帰りたい！」と主張し始め、幼稚園でも同じ状態が続いたため、ある時期から筆者は「1枚はお家、あとは先生が大事にする」と約束をした。この制限を巡ってめずらしく抵抗が続き、とうとう体操に行くこと自体もイヤ、「ママ行こう、体操はあした、先生走っていいよ、あっちまがっていいよ」と表現を変えて何とか訴えようとする姿が見られた（6：4）。抵抗しながらも体操の部屋に入ってしまえば「ボクがんばる」と言うが、やはりThには従いたくないことが態度に現れていた。その後Thが「お母さんとお話ししてくるね」と教室を出ると一気に緊張状態は緩和、アシスタントの学生と伸び伸びと自由遊びを楽しみ、すっかり機嫌を直すということがあった。

〈姿勢の安定と挑戦意欲の高まり〉

　音楽・運動活動もパターンや手がかりを変えながら、さまざまな展開を図っていった。ホーススイングでは、乗りながら玉入れや輪投げをした。6：2時点では「足をぎゅっとする」ように促すと下肢に力を入れられるが玉入れをするとバランスが崩れ、足が伸びてしまう状態であった。しかし6：3になると、声掛けをしなくても足に力を入れて乗り、玉入れ時も足が緩まなくなってくる。ホーススイングはその後これまでの前後揺れから左右に揺らしてみたり、蛇行するように揺らす、AThと向き合い手で押し合いながら下肢でバランスをとって乗るなど、さまざまな揺れに対して姿勢をとる内容にした。6：7では揺れている間にしがみつきから座位へ姿勢を転換させたり、渡された輪を左右で持ち替えて投げる、ホーススイングの上を伝い歩きするなどもできるようになった。板ブランコで自分でマットを蹴って揺らすなど、揺れに対し姿勢を保持しながら別の動きを組み立てる活動を展開した。B児は最初全く構えが整わないが、繰り返していくと徐々にコツをつかみ、蹴りだす前からひざを曲げ、タイミングを合わせて蹴りだすことができるようになった。トランポリンも曲に合わせて頭上で手を叩く、タンバリンを叩くなどしていくと、手を前に出してタイミングを計ろうとするようになり、跳躍、曲、手の動きがまとまるようになった。

　このように身体でコツをつかみながら自分の姿勢・運動を調整できるようになった頃から、運動場面で自由に遊ぶことを不安がらずに楽しめるようになっていった。6：4からは、缶ぽっくりやリボン操作など手足の協調と滑らかな動きを狙いとした活動や、お相撲ごっこ、高台

表14　各期の活動構成

	情緒	認知課題学習の内容とねらい	運動活動	音楽活動
I 期 4歳4ヵ月〜4歳11ヵ月	・活動や課題の合間に示す高い緊張感 ・跳ねるような歩き方、ソワソワと動く身体、甲高い発声が続く ・不安になると発話量増加。ことばでその場を仕切ろうとする	・言語教示を必要としないシンプルな視覚教材【学習への構えづくり／視覚ー運動学習】 ・ままごと道具を用いた遊び【イメージ形成への足掛かり】 ・見本合わせ課題を重点に【合わせる力を高める】 ・音あてや2語連鎖理解、御用学習など【聴覚的注意】	・集団場面では、実況中継のように話し続ける。ことばで表出しないと、その場に留まれない。 ・音や音楽、ことばがけに興奮しやすい。 ・触覚、聴覚の過敏が強く、楽器や触覚あそびには顔をそむけるか、「オシマーイ」を連呼する。	
II 期 5歳〜5歳6ヵ月	・集団場面でのさかんな発話は減少し目立たなくなる。初めての音楽劇活動にも落ち着いて参加。 ・公園で以前より不安がらずに、格段に遊べるようになる。	・助詞を含む2語文の理解と再生、文字カードをヒントにしたことばの学習（動作語／用途表現／簡単なクイズなど）【理解言語】 ・店員役を取り入れた御用学習【聴覚的注意、言語表現】 ・絵本再生（読み手と操作者を交互に）【イメージ形成、役割交代】 ・鉛筆、はさみ、ピンセット操作【視覚ー運動操作】	【重力不安の軽減と固有覚への働きかけ】 ・鏡を見ながらトランポリン ・ホーススイング ・ソフトマットで立位保持 ・買い物活動（探索） ・短距離のスクーターボード	・BGMなら音楽の受容は可能だが、B児に直接向き合おうとすると不安になる
III 期 5歳7ヵ月〜5歳11ヵ月	・不快刺激の言語化 ・AThの支えがなくても、合奏に参加する	・短文の読みと理解／濁音を含めた単語構成【言語概念】 ・対語を利用した質問ー応答関係の整理【コミュニケーション】 ・模写や線間結び、結び目のある制作活動【視覚ー運動操作】 ・複雑な手の模倣【身体イメージ】	【重力不安の軽減と固有覚への働きかけ】 【伸展姿勢の維持、バランス感覚】 ・ホーススイング＋輪投げ ・トランポリン ・サーキット ・スクーターボードで坂道下り ・高台から飛び降りジャンプ	【音楽の始点ー終点に合わせた楽器操作】 ・打楽器から机上での楽器活動へ変更 ・ベル奏
IV 期 6歳〜6歳6ヵ月	・パニックにならずことばで折り合えるようになる ・心理的中心軸が形成されたと考えられるエピソードが増える ＊弟との対等な関係性 ＊人をみたからかい ＊合奏への安定した参加と役割意識 ・母親への甘え表現や、駆け引き、気持ちの言語化 ・外出先が増える	・名前違いの聞き取り、クイズ出し【聴知覚、文脈理解】 ・ジェスチャー当て ・10までの数量理解、数の合成【概念】 ・お医者さんごっこ、レストランごっこなど【全体視知覚／役割交代】	【さまざまな揺れに対して姿勢保持】 ・ホーススイング ・タイヤチューブ ・スクーターボード ・缶ぽっくり ・Thとお相撲 ・高台から飛び降りジャンプ	・和太鼓 ・ベル奏 ・合奏

から飛び降りジャンプなど瞬発的な身体の動きを引き出す活動も取り入れた。B児がとりわけ好んだのは高台ジャンプであり、回を重ねると自ら飛び降りる場所や高さをあちこち変えて楽しみ（「もっとやりたい」）、Thもそれに応えて挑戦意欲をかきたてるように設定を変えていった。6：6では、飛び降りるだけではなく、障害物を飛び越えることもできるようになった。

〈音を介したやりとりが安定し、音楽に積極的にかかわる〉

　音楽活動では、和太鼓で交互に音を出したり、ベル奏で曲中に誰が鳴らすのか指示を聞いて対応できるようになった。また初めての曲でも"音が止まったら鳴らす"パターンを変えないことで、音楽にのり積極的にかかわるようになった。曲の終りを共有してThと同時に音を出して終わることができたり、B児がテンポを速くしてAThの反応を楽しむ様子も見られるなど、音楽を介した活動でThらと活動・情動を共有できるようになった。

　6：3からは合奏活動にステップアップし、まずは2つの楽器をThと2人で順番に鳴らす段階から、曲中に交代で鳴らす活動へと変化させていった。徐々に曲中交代するタイミングでThと顔を見合わせて確認するなど、役割の交代を明確に意識するようになってきた。さらに担当パートを増やし3人で6台の楽器を扱うなど複雑な合奏も行なったが、よく意味を理解し、各パート担当者を見ながら動きを合わせて演奏することも可能となった。楽器はもちろん机上楽器ではなく、立位でかかわる打楽器を用いていたが、その姿勢保持も安定していた。

〈心的状態や身体の不調の自覚、言語化、甘えの表現の増加〉

　2年目終盤の頃には、幼稚園の行事にも参加でき、係仕事も自分で決められるようになった。新規場面への不安や聴覚の過敏性も軽減し、プール教室に通えるようになったり、父親と電車に乗って野球観戦（以前は音が苦手で入れなかった）へ行けるようになるなど行動範囲も拡がった。その一方で、家の中では「自我が出て、主張が強くなり、ちょっとわがままを言ってみたい、逆に甘えてみたいという様子が増えた」「以前のように要求が通らずパニックになることはなくなったが、今は駆け引きが出て別の意味で手はかかるようになった」とのことであった。それでも、夜になると布団の中で「B君寂しかったの、涙がポロリ」とつぶやいて本当に涙を出していて、いろいろ気持ちが動いていると感じるとのことであった（**表14**）。

5　考察

　2年間の支援を通して、目標としていた情緒の安定は達成し、パニックの顕著な減少とさまざまな場面への対応性の向上が認められた。学習や象徴遊びを通した認知・コミュニケーションの支援に加え、姿勢調整と音楽表現に働きかける音楽・運動療法にも重点を置いたことで、B児の遊びや自己表現は格段に豊かになり、発達の諸機能が統合されたと考えられる。

　遊びを楽しむ、自ら挑戦する、感情を表現するといった姿には、B児の"自分"がつくられていく過程が表れており、改めて安心できる対人・対物的環境の中で、他者と向き合う場を整

え、特性と発達段階に考慮しながらさまざまな工夫を通して身体や認知に働きかけていくことの意義を確認することができた。B児の経過は自己像の形成過程と表現することもできるかもしれないが、かかわりを通した実感としては、自己像としてまとまりのあるものが形成されたというよりも、少しずつB児の中の "ぐらつきやすさ（動揺）" が変容し、心理的にも、身体的にも中心が立ち上がってきたという印象であった。そこで本章では、心理的、身体的中心軸という表現を用いて、経過を考察していきたい。

　支援開始当初のB児は、一見場面に合ったことばが多いものの理解は狭く、大人の口調を真似て何とか答えようとしていたり、不安場面をことばで仕切ることで対処しようとしていた。声だけではなく身体の制止も難しく、ソワソワとした動きや甲高い声で発話量が増加していく姿に、B児の情緒的混乱が現れていた。背景には、感覚の過敏性や情報処理のアンバランス、探索的な事物操作の苦手さが考えられた。

　従来からこのような臨床像は "聴覚優位タイプ" と捉え、発語レベルと理解レベルは一致していないことを念頭に、苦手な視知覚の育ちに重点をおいた支援を行なってきた。実際、Ⅰ期では言語教示を必要としないシンプルな視知覚課題を中心にしたことで、個別場面は徐々に安定したペースと構えが保てるようになり、教材を介して合わせる力は高まった。しかし、集団では不安感と回避傾向が強く、生活場面でもさまざまなパニックのエピソードが聞かれ、B児の臨床像は単に視覚と聴覚のアンバランスというだけではなく、B児の発していることばと推測される生理、感覚状態のズレ、表現している意思と実感のズレであると考えるようになってきた。例を挙げると、遊具が怖くて身体が震えていても「たのしいなーすてきー」と言う、「○○行きたい、したい」と言っていても、その結果に近づくと著しい動揺をみせるなどである。

　学習レベルから考えると、簡単な玩具の選択でさえ動揺し、選べないこともアンバランスの1つであるといえる。B児の中に、志向性や意思決定、他者への応答性の柱となる心理的中心軸が未形成であること、そのため他者や外界との適度な距離化や適度な交差が難しく、その都度刺激に巻き込まれ混乱していると考えられた。

　"おしゃべりができる" 姿が一層、本人にとっても周囲にとってもわかりにくい場面を作り出していたとも考えられる。心の状態と身体の状態は繋げてみるならば、心理的中心軸の弱さは必然的に姿勢や身体の動きにも表れてくる。地に足がついていないかのような歩き方、動くことを好まず、運動遊具への不安も強いといった臨床像に対するアプローチも必須であると考え、Ⅱ期からは個別の音楽・運動療法にも重点を置き、取り組みを続けた。

　運動活動では、当初ホーススイングやトランポリンなど、どの遊具に対しても重力不安や運動企画の弱さが認められたが、音楽で構造を作ることで、活動の始点－終点がわかるようになり、乗り続ける、飛び続けるといった身体運動の持続性は高まった。音楽による構造化、すなわちパターン化を適度に促すことは学習場面でも有効であり、Ⅱ期はパターン化したかかわりの中で少しずつ模倣やイメージが形成され、言語的応答や身体を通した遊びがまとまり始めた

時期であるといえる。しかし、BGM としての音楽の活用は有効でも、音・音楽を介してダイレクトにかかわられる場面は苦手であった。この時期は、ことば、それもややパターン的なフレーズや台詞が応答の手段であり、音に対して音で応えるという間接的な応答表現はⅡ期では難しかったといえる。

　Ⅲ期になると、コミュニケーションにおける応答関係が整理され、文脈理解がすすんだことで、ことばが他者に向けた意味あるものとして使われるようになった。運動面では揺れながら輪を投げるといったバランス感覚が育ち、ブランコを「やりたい」と言うなど身体を通して遊びに対する期待感をもてるようになった。運動が活発になり、調整がとれるようになってきたことは、模写や描画、折り紙などの視覚－運動系の遊びの集中にも繋がり、達成感を共有できる場面が増えた。Ⅱ期では、前庭遊具を怖がりながらも「ステキー」と喋り続けていたが、Ⅲ期では揺れている間は発話がなくなり、終わると「上手だったでしょ」と言うなど、身体感覚を自覚的に受け止め、発語を調整できるようにもなった。また、不安や不快刺激に対しても距離が取れるようになり、挑戦的な運動活動にも自分でスピードをコントロールしたり、「せんせいおさないで」と人に向け言語化しながら参加するなど、身体面でも心理的側面でも中心軸が育ち始め、外界の刺激に巻き込まれるのではなく、自分という軸を通して文字通り地に足のついたかかわりができるようになったと考えられる。

　Ⅳ期になると遊具へのかかわりは一層伸び、ダイナミックな遊びを自ら選び自由に遊べるようになった。活発さというだけではなく、身体を通してタイミングを計ろうとするなど、コツをつかもうとする遊び方に変わり、身体運動を自分のものにすることができたことが、自信を育て、からかいや自己決定、自己主張といった対人関係の変容にも繋がったと考えられる。合奏でも、音楽を聴くことと、パートナーの動きを見て役割交代のタイミングを理解すること、リズムに合わせることが同時にできるようになり、聴覚－視覚－運動の統合を通して適切な他者軸との距離化と交差を維持できるようになった。感覚の過敏性も軽減し、心的状態をことばにできるなど、身体的中心軸と心理的中心軸の双方が確立し、感覚レベルでも認識レベルでも自己の安定化が高まったといえるであろう。楽器演奏は音を通して自分の行動に気付かせることができ、身体軸の形成および組織化を促進すると考えられている（土野，2004）。B 児は当初、楽器操作に不安を示し回避傾向が強かったが、その背景は聴覚過敏とともに、楽器に向かう身体コントロールの不安定さや非言語的な表現性の未獲得といった身体的、心理的な軸の不安定さそのものであった。感覚と身体とコミュニケーションのアンバランスは、楽器操作だけの問題ではなく、支援開始当初のさまざまな情緒不安のエピソードと重なっていることが、経過全体の総括から改めて明確になったと考えられる。

6　結論

　本研究は、情緒不安の強い聴覚優位傾向の自閉スペクトラム症児の支援経過を、心理的、身

体的中心軸を視点に考察した。支援方法は、整理された場面で系統的な教材を介してやりとりを重ね認知と遊び、コミュニケーションを育てるアプローチと、空間を拡げ、遊具や音楽を通して姿勢・運動の主体的な調整や音楽を通した表現性を高めるアプローチの2つを柱とした。前者のかかわりの中では、他者に合わせることやことばによる応答と象徴遊びを引き出し、後者では身体感覚への気づきと調整、聴覚、視覚と運動の統合を促すことができた。情緒不安を○○が苦手、嫌いという心理的レベルのみで解釈することは狭い理解であり、発達的な構造（メカニズム）を捉えることが重要であること、そのメカニズムは最初から見えるものではなく、さまざまなアクティビティーの工夫を通して個別的に理解する以外に方法はないことを、本事例から学ぶことができた。対処療法的な発想だけで情緒不安に対応すると、時に行き詰まる例がある。長期的かかわりから情緒不安の発達的なメカニズムに迫ることが、安定に向けた支援の手がかりとなるであろう。

文献

池畑美恵子（2009）　発達障害幼児の情緒不安に関する臨床的研究（1）―身体へのかかわりを介した初期段階の事例―．発達臨床研究，27，1-12.

池畑美恵子（2010）　発達障害幼児の情緒不安に関する臨床的研究（2）―高機能自閉症児の自己−他者関係と時間的枠組みの発達からみた不安の変化―．発達臨床研究，28，1-12.

杉山登志郎（2004）森口奈緒美と『変光星』，『変光星―自閉の少女に見えていた世界』解説，花風社.

田中千穂子（2009）発達障碍の理解と対応―心理臨床の視点から―．金子書房.

土野研治（2004）自己像の乏しい自閉症児への音楽療法―声を用いた自己像・身体組織化への取り組み―．発達臨床研究，22，47-56.

宇佐川浩（2007）障害児の発達臨床Ⅰ　感覚と運動の高次化からみた子ども理解．学苑社.

第 **9** 章

個別アプローチの位置づけと展開

　本章では、発達臨床における個別アプローチの意義と留意点について述べ、その展開を支える指導者の姿勢、視点を考えたい。

　個別アプローチをどのように組み立てていくか、この問いは発達臨床の中心テーマである。子ども一人ひとりに柔軟に合わせられ、つまずきの本質に迫ることのできる個別アプローチの魅力を最大限に発揮することができれば、子どもの育ちを支えるだけではなく、指導者側も子どもから発達の道筋を教えられ、学ぶ契機になると考えられる。しかし、実際には個別アプローチは「なぜ、これが今この子どもにとって最適な課題設定と考えるのか」が曖昧なまま、指導者が必要だと思う学習内容や活動内容を "与え、やらせること" を中心に展開しやすい。ともするといつも同じような課題になるなど幅の狭さや、あらかじめ設定された課題を指導者が予定した通り行なう規定性の強いかかわりになりやすい。そのような場合、おのずと課題の達成・未達成に焦点が当たり、子どものつまずきが見えないまま学習が展開する危うさをもつ。また、知的障害が重度である子どもへの取り組みは生活に関する諸活動を支えるスキルの学習に偏在していたり（土谷，2015）、学齢になると文字や数の学習が重視されるなど、個々の発達のつまずきではなく障害程度や生活年齢を基準にした指導内容になりやすい点も指摘できる。個別は一般的に手厚い指導であると考えられるが、その目的ができるだけ高いステップの学習を、少しでも多く取り組ませることだけに焦点化されてしまうならば、必ずしも子どもにとって最適な学習機会であるとは言えないであろう。

　個々の子どもの発達段階に合わせた個別アプローチは、指導者の基本姿勢や具体的指導内容のレベルまで、幅広い検討が求められている。そこで本章では、感覚と運動の高次化理論の視点から、個別アプローチの意味と課題に迫りまとめていきたい。

1　個別アプローチの意義と役割

　淑徳大学発達臨床研究センターでは、感覚と運動の高次化理論による発達臨床的視点を軸に子どものアセスメントと物的・人的環境の整備をすすめながら、週2回の個別および集団アプローチを行なっている。個別はスタッフと実習学生がチームを組み行なうため複数の眼と手があり、実施頻度も週2回と多いため、ある程度余裕をもって指導内容を組み立てられる環境ではあるものの、どのケースにおいても個別の在り方について検討課題が尽きることはない。近年は発達のアンバランスや自己像、情緒の育ちにより丁寧に働きかける中で、教材・教具を介した認知学習だけではなく、身体へのアプローチや運動、音楽、役割遊びなど複数の内容を適

宜取り入れていくケースも多く、その都度優先順位を見極め試行錯誤している。子どもに合わせようとすればするほど、教材・教具の工夫やアプローチのバリエーションは必要であり、その工夫の過程が実践の重要な要素となっている。

　本章では、個別アプローチの機能と問題点にかんする宇佐川（2007）の指摘をふまえながら、その意義と留意点をまとめていく。個別アプローチの意義はと問われれば、端的には一人ひとりに手厚い指導という表現になるが、これは単に指導形態の特徴をなぞらえたに過ぎず、子どもと指導者側の双方にとって意義を整理することで個別にかかわることの有効性を明確化したい。なお、個別アプローチは先述の通りさまざまな取り組みにより構成しているが、ここでは教材を介した認知・コミュニケーションの指導を念頭に整理する。

（1）個別アプローチの意義
①子どもの姿を具体的に把握できる

　集団場面では見落としやすい子どもの実態を丁寧に把握できることが、個別アプローチの最大のメリットといってよい。初期段階の子どもは個別か集団か、着席姿勢か動きのある場面かで発揮できる力が大きく異なることがある。課題への取り組みだけではなく、その場面で見せる能動性や細かな表出サインも含めた実態のおさえが求められる。また、簡単な集団活動はパターン的にでも参加し始めていたり、ことばでのコミュニケーションが成り立っていたりするような段階では、個別でのかかわりでようやく子どもが本来抱えているつまずきが明らかになる場合もある。特に記憶や視知覚など知恵の基礎を担う領域は、ステップを下げて丁寧に確かめていく必要があると思われる。さらに、個別はその場面での個々の取り組みに関する情報収集だけではなく、集団場面や生活場面との対比も視野にいれて子どもの姿を捉えていくことで、実態の発達的メカニズム、すなわち当該事例の中核的課題とその周辺要因の関連性に仮説的にではあるが迫ることが可能である。

②子どもに合わせたかかわりを展開しやすい

　個別場面では、指導の内容やねらいを個々の子どもの興味・関心や発達段階に合わせやすい。内容設定という点では集団より格段に工夫しやすいことに異論はないであろう。また、子どものさまざまな表出やサインに指導者が即時的に応答できる点や、子どもの学習場面に対する心的構えや活動リズム、覚醒、集中といった学習を支える周辺要素に合わせやすいことも個別の意義として大きい。

　ビギナーセラピストの臨床訓練で最も難しいのは、実は子どもの発達の読み取り以上に、学習を支える周辺要素への気づきであることが多い（池畑，2015a）。臨床経験の浅いビギナーでも、ある程度個別臨床にかかわることで、ある学習課題がその子どもにとって適切か（できる）、難しいか（できない）は把握できるようになる。そこからおおよその発達段階を読み取ることもある程度可能である。しかし、実際のかかわり場面で漂う子どもの心的構えや周辺要

素に気づき、それらに即座に合わせることは容易ではない。例えば"できているが今ひとつ前向きな構えではない"場面と"難しいようであるが集中している"場面があった場合、どちらを発達理解の重要な手がかりとするかということになる[1]。子どもに合わせたかかわりとは、指導内容・レベルを合わせるだけではなく、子どもの学習を支える周辺要素に合わせていくことも含めてその意味を強調したい。

③指導場面を整理しやすい

　場面構造という点にも、個別は工夫の余地が多い。指示や刺激が整理された環境を設定するだけで、子どもにとっては特別な空間になり得る。机と椅子があり机上に教材が1つ置かれていれば、この場で何をするのかが端的に伝わるであろう。初期段階では、着席が難しいケースもあるが、その場合こそ場面構造の見直しや教材・教具の工夫を細部に渡り検討することがスタートラインとなる。また、先に述べた学習を支える周辺要素の読み取りとも重なるが、筆者の印象では支援現場の多くが視覚化や構造化といった空間的な環境整理の一方で、時間的な配分調整は指導者側にあまり意識されていないと感じることがある。例えば着席時間や集中が短い子どもであれば、早く学習をスタートしテンポよく展開する、様子を見て予定していた学習量よりも早く切り上げる、逆に集中してきたら予定よりも長く時間をとるなどの時間的な配分調整である。臨床的には、子どもの最適な時間原則を早い段階で把握し、何をどれくらい行なうかを常に見極めていくことで、学習への期待感や姿勢は大きく変わると考えられる。また、このような時間原則の把握は、指導場面だけではなく生活場面でのかかわりにも手がかりとなることが多い。

④他者意識や応答性の拡がり

　整理された場面での個別的かかわりは、他者と向き合う姿勢が作りやすくなるという点で、子どもの対人関係の発達に貢献する。特に感覚と運動の高次化発達ステージで示すII層 知覚の世界では、物・教材へ向かう子どもの関心が、いずれ教材を介してかかわる他者に向けられることを念頭に置き、学習場面でのやりとりを意味づけることが重要である。学習内容以上に、個別場面での前言語レベルでの対面コミュニケーションの徹底[2]がII層の中心テーマにな

1）このような場面で、ビギナーは前者を肯定的に評価しやすく、後者は早々に課題を切り上げてしまいやすい傾向がある。しかし、おそらく後者の姿を逃さず捉え、意図的にその場で学習ステップを調整することが本質的な学習に迫る手がかりを得られると考えられる。

2）前言語レベルでの対面コミュニケーションの徹底とは、指導者と子ども間で、相手を（が）見てから／相手に合わせて、動く・渡す（提示）・受け取る・応答するなどの主に動作的レベルでのかかわりを意味している。例えば、「できたね」と拍手で褒める際に、子どもの行動の終結を見て褒める場合と、子どもが行動終結後、顔を指導者に向けた瞬間に褒める場合とでは質的に異なる働きかけとなる。II層では後者のかかわりを徹底することが肝心であると思われる。なお池畑（2015b）では、「マグネット棒なぞり」場面を取り上げ、提示－応答構造を崩さずに学習をすすめる場合とそうではない場合とで子どもの学習行動が明らかに異なることを指摘しているが、これも対面コミュニケーションの徹底の一例である。

るといえよう。冒頭で"与え、やらせる指導"の危うさを指摘したが、学習課題の提示1つを
とっても非常に意味のあるかかわりであることに留意したい。

　宇佐川は早い段階から、課題学習を認知面だけではなく、大人と向き合う姿勢づくりや、教
具を媒介として大人とのやりとりを発展させるというコミュニケーション能力や行動調整面を
育てることも重要なねらいとして位置づけてきた。その具体的方法の1つが、第4章で紹介し
た一連のはめ板弁別課題のステップである。この学習ステップは、一見すると前言語段階の学
習に見えるが、実際には言語獲得段階でも応じにくさのある子どもはつまずいていることがあ
る。相手の提示にテンポを合わせて応答しにくい、指さしはしているが明確な応答になりにく
いなど不正解ではないが気がかりな姿である。一例として弁別課題のステップを紹介したが、
弁別課題に限らずさまざまな段階の学習場面の中に、子どもの他者意識や応答性を読み取る、
あるいは引き出す余地はあると考えることで個別アプローチの意義は深まるであろう。

⑤やれること、わかることがある安心感や自信の形成

　最後に、個別アプローチで用いられる教材・教具や場面の具体性が子どもの心理・情緒的側
面に与える影響についてである。個別アプローチが発達的視点のもとで組み立てられていく場
合、多くの子どもにとって個別場面は極めて安心できる場、期待の大きい場となるようであ
る。夏休み中など家庭で「おべんきょう」としきりにサインを出していた子どもや、「おべん
きょう　はじめます」のサインを最初に覚えた子どもはこれまで多数の事例で経験している。
そのような姿からは、子どもたちにとって自らの手でかかわり、実感をもって取り組むことの
できる学習の場は、やれることやわかることが具体化され、安心感と自信の形成に繋がると考
えられる。かかる観点から個別の学習内容を考えると、学習ステップを考慮し、高めていくこ
とも重要ではあるが、一方で十分に取り組める内容に絞り、そこに十分な時間をかけていくこ
との意義も大きいといえる。

（2）個別アプローチの難しさと留意点

　次に、個別アプローチの展開において課題となるいくつかの難しさ、留意点を挙げる。

①指導者に求められる専門性

　個別は、子どもの実態に合わせ柔軟に展開できる良さがあるが、その前提には指導者の発達
理解や子どもの支援課題の的確な見立てがあることが必要条件である。指導者の見立てやスキ
ルが端的に指導展開に現れやすく、子どもがどのような姿で学習場面に参加するかに直結する
といえる。発達課題の見立てや指導スキルの習得には、さまざまな学習機会が必要となるが、
例えば指導場面を映像で客観的に振り返ることや、言語化や文字化により子どもをどう理解し
ているのかを明確化する作業は有効であることが多い。指導場面では全く意識していなかった
かかわり方の特徴に気づいたり、子どもの情報やエピソードは豊富でも、言語化、文字化段階

になるとそこから子どもの支援課題を「見立てる」ことができないことに気づく。一般に振り返りの重要性と言われるものであるが、「わかっていなかったことがわかる」振り返りが最も意味のある学習機会になるといえる。

②発達水準に対応した系統的な教材・教具が必要である

　指導展開にあたって最も現実的な課題は、教材・教具の質や量である場合も多い。発達水準に対応した教材のレパートリーだけではなく、それらがどう体系的に整理されているかが決定的に重要である。しばしば「プットインやはめ板学習はよく取り組めるが、その次に何をすればよいか」という質問が出ることがある。プットインやはめ板の前後に位置づけられる学習テーマや教材が体系的に整理されていくと、現在の発達から少し先を見据えた支援へと繋げることができる。逆の見方をするならば、ある程度教材の量があっても、個々の教材の前後関係や繋がりが体系的に整理されていなければ十分に活用できない可能性がある。教材製作の段階から、どの発達ステージに対応した教材であるか、その前後の学習テーマは何かを整理していくことで、系統的な教材・教具の充実に繋げることができると思われる。

③物理的にも心理的にも距離が近いことからくる意味づけの偏り

　ここで取り上げるのは物理的、心理的距離の問題である。個別という近い距離の中で継続して向き合っていくと、指導者の関心はおのずと子どもの気がかりな点や未達成の課題に焦点化され、アプローチの幅が狭くなることがある。内容を絞り、繰り返す指導を全て否定するわけではないが、子どもたちは往々にして繰り返しの指導だけでは乗り越えにくいつまずきを抱えている。あるいは逆に、個別で繰り返し丁寧に働きかけた結果、できることが増えていく姿を見ると、できることに安心し、できることだけでかかわろうとする場合もある。

　個別アプローチは実態を捉えやすいメリットはあるが、反面指導者の意図する方向での実態把握になりやすい危うさも自覚する必要がある。また、個別に経過をよく理解しているがゆえに子どもの反応を予測しすぎたり、子どもの示す行動を柔軟に意味づけられないことも、個別アプローチのもつ難しさと考えてよい。映像を見返せば何ということのない場面でも、子どもと心理的距離が近いセラピストは過度に反応したり、否定的な評価をしてそのことばかりに焦点を当てやすくなることに留意が必要である。

④課題のもつ安定した構造や手続きがもたらす二面性

　土谷（2015）は、課題は構造化された状況であることから、わかりやすさとともにルーチン化した安易さをもたらすとし、子どもが積極的に課題に取り組んでいたとしても、ほかにすることが見つからない場合や決まり切った居心地の良いやりとりの場に安住しているだけではないかという見方を提示している。反面、生活の中で大きく混乱するなど行動が乱れてしまった際に、既に安定した秩序世界を成立させている課題に向かうことで、落ち着きを取り戻し、混

乱や動揺からの回復を図っていくことがあるとも述べ、課題場面のもつ二面性を指摘している。この点も個別アプローチの中で常に指導者が自覚し、子どものいかなる姿を捉えていこうとするのかを深く吟味しながら取り組むことが求められている。

　以上、個別アプローチの意義と留意点について概要を述べた。意義と留意点は表裏一体の関係でもある。実態を捉えやすくなる反面特定の課題に焦点化されやすい、場面やかかわりを整理しやすいが、一方で安易なルーチン化に陥る危うさもあるなど、指導者が個別アプローチのもつ課題性を認識しておくことが求められる。また、とりわけ個別アプローチは学習ができたか、できないかに指導者がとらわれやすくなる場面であるため、教材を介してかかわる意味を広く捉えるための視点の整理を次に述べていきたい。

2　個別アプローチを広く捉える 4 つ枠組み

　個別は何のために行なうのか、このような問いに筆者は、学習・評価・交流・調整の 4 つのキーワードを挙げ答えている。個別の目的は何か、基本的なことではあるが改めて 4 つの枠組みから考察したい。

（1）学習

　第 1 に、指導場面で子どもが一瞬考えたり、気づいたりするような姿を逃さず捉え、そこに子どもの学び（学習）の姿を見出していくことが重要である。間違いに気づいて自己訂正をしたり、迷いながらもふと解決に向かう手がかりを見つけたりするなど、適度な試行錯誤の余地を残すことが個別アプローチには求められている。それは例えば、はめ板を 3 種から 5 種に増やすといった学習ステップとして構造化されている手法にとどまらず、子どもの学習過程をみて即時に教示を変えたり、意図的な問いを発するなど指導者の柔軟なかかわりから成立する。かかる観点で指導場面をみていくと、一見さまざまな教材を用いて子どもの応答を引き出しているように見えても、子どもは既に知っていること、できることを繰り返しているに過ぎないことがある。あるいは子どもが考えたり迷う余地なく、指導者がさかんに指示や手がかりを与えている場合もある。子どもは課題に取り組みこなしていても、そこにわずかな瞬間であっても"学びがあるか"が、実践では深く問われなくてはならないであろう。もちろん、課題に淡々と取り組む姿やパターン的であってもやりとりに応じる姿にも意味はあるが、それだけをもって良しとするならば、冒頭で述べたように個別アプローチは単に与えやらせる指導にほかならなくなる。

　ここで学習という表現を用いたが、その意味にはさらに 2 つの検討を要する。1 つは、発達の初期段階での学習の意味である。例えば初期段階の子どもとのかかわりで、なんらかの反応が引き出された場合、それをどこまでが反応であり、どこからが学習（変容）として意味づけ

られるのであろうか。また、反応があることや反応を引き出すことだけに価値を置いてよいのであろうか。土谷（2013）は、極めて障害の重い子どもが取り組む学習において、「わかること」「できること」を超えた学習の意味を問い、1つの実践事例から「変化する状況に適合させて行動を切り替える姿」を学習として定義している。具体的には最重度の遅れをもつ子どもに左右のライトの位置を弁別して、点灯したライトの位置に対応させて左右の頬でスイッチを押し分ける行動を発現させた指導過程である。これを単にスイッチで反応を引き出す指導とみるのではなく、わずかな反応を意図的計画的に学習過程に位置づけていく過程や、スイッチを押す前のさまざまな表情やため息を含めて事例が状況を理解するプロセスを捉えている点が示唆に富む実践事例となっている。とかく反応の有無で学習を評価しやすい初期段階の実践を改めて整理する視点となっているであろう。

　また2つ目に、学習の意味する内容が、学齢段階以降で文字や数にシフトしやすく、感覚や知覚を用いた学習の保障という点に課題が大きいことが指摘できる。さらに、文字や数の指導自体が、例えばひらがなをなぞるというように直線的なアプローチになり、文字や数の習得がどのようなプロセスや関連性で育っていくか、文字や数の獲得が何に繋がるかを複線的に整理する視点や検証が少ないように思われる。支援目標が定番化し、直線的なアプローチが中心になることは、学習の本質的意味ではないと考える。

（2）評価

　第2に評価、すなわち臨床アセスメントの視点での学習展開である。臨床アセスメントとは、かかわり手が臨機応変に課題設定や教授ステップを変えながら、子どもの応答の変化を探り、その意味を発達的に整理する過程を意味している。課題が単に達成（できた）か未達成（できない）か、好きか嫌いかではなく、どのような「でき方」「できなさ」であるかを正確に把握することで、発達のつまずきを捉えていく。

　指導者が達成したと評価しても、実際にはかなり限定された教材や提示での達成であったり、未達成と評価した場面の中に実は指導のヒントが含まれていたりするなど、学習結果の評価は単純ではない。指導者が学習の展開を注意深く捉えながら、どこかのタイミングで提示や教示を変えることで最適な学習レベルが明らかになる。提示や教示に変化がない指導は、実はどれだけそれを丁寧に行なっていてもアセスメントにはならないであろう。

　また、臨床アセスメントには、子どものつまずきだけではなく、適応的な側面にも目を向ける必要がある。ビギナーセラピストの臨床訓練として、さまざまなショート映像を見て気づいた点を出し合う場面を設定すると、圧倒的に未達成の場面や拒否の姿への言及が多いが、例えば着席ができていることや、拒否から回復していることなどを当たり前にせず意味ある姿として捉えることも重要である。

（3）交流

　第3に、課題を糸口にした言語的ないし非言語的レベルでの交流の視点である。物を介してかかわりの糸口を見出す、子どもの反応を受け止め返す、褒める、向き合う、合わせる、応答するといった基本姿勢が、当たり前のようで難しいこともある。発達が初期の段階では、個別の中である瞬間成立する程度の微弱な交流のレベルである場合も多いが、かかわり手がその意識を強くもつことで、子どもの表出もかなり変わることが多い。

　また交流ややりとりと考えると、情緒的、あるいは言語的なかかわり合いを意識しやすいが、構造的な教授法にもやりとりの糸口はある。菅原ら（2004）は、弁別課題でついたて（スクリーン）を置き、子どもがついたてをはずす、あるいはノックするという設定で指導を行なっているが、こういった課題の手続きそのものにやりとりの要素が含まれているとみることもできる。そういった意味では、教授法も単に指導のノウハウとしてではなく、交流の手がかりを得る手段として位置づけられるであろう。

（4）調整

　第4に、子どもに生じたさまざまな行動の滞りや揺れ、葛藤に対する調整の視点である。実践では、子どもの抵抗や拒否、動揺などの危機場面は小さいものから大きいものまでさまざまな形で生じる。指導者と子どもとの間で生じた葛藤を、個別で調整し、どう折り合うことができるかは非常に重要な視点となる。こだわり行動なども、日常生活では介入が難しいが、個別場面では小さな揺らしをかけることができる場合もある。危機を経て、折り合いに至る過程にこそ、臨床的意味は大きいといえるであろう。

　以上、4つの枠組みで個別を整理した。これらの4つの視点のどこに重みを置くかは、1つの教材を用いた学習場面の中で臨機応変に判断していくことが重要であると考える。例えば積木を用いた学習で、最初は「学習」として設定し展開するが、その取り組みで新たな子ども理解に繋がる瞬間「評価」となり、仮に途中で子どもの拒否が生じた場合には、それを「調整」

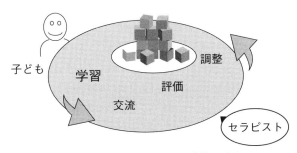

1つの学習場面の中でも、子どもの応答に合わせ、
意味づけは変化する

図23　個別アプローチの4つの意味づけ

しつつ、最後には積木を用いた遊びで「交流」し、終結させるなどの展開である。「学習」はあるが、評価や交流がない、あるいは課題はこなしているが「評価」がないなど、時にバランスを欠いた指導展開になりやすい点に留意する必要があろう。これらの関連を図23にまとめ締めくくりたい。

3　おわりに

　個別アプローチへの保護者の期待、ニーズは年齢や障害種を問わず高い。近年はさまざまな支援機関が“個別指導”を特色の1つとして位置づける傾向にある。教材のアイデアやプリント学習素材もインターネットを介して手に入れやすくなり、個別に指導するための手がかりは増えているといえよう。しかし、個別アプローチの指導効果をどこに見出そうとするのか、そもそも障害のある子どもの確かな育ちをいかなる側面から捉えていこうとするのかについて、十分な整理がないまま指導法だけが先走ってるのではないかという懸念もある。よく「何を指導するか」「どのように指導するか」は質問される。課題と教材・教授法に関する質問である。しかしここに「なぜ」も大事にしてほしいと思う。なぜ、その課題を行なうのか、そこにたとえ仮説的にであっても何らかの根拠があることを重視したい。

　最後に、あたりまえであるが見落とされやすい基本を3点挙げる。課題学習という手続きに指導者が縛られすぎないこと。スケジュールはあくまでも子どもの状態や必要性に合わせること。課題のスタートの提示をよく整理することである。また、「良い個別とは何か？」と問われるならば、指導者にも、子どもにも発見があること、適度な沈黙があること、適度な揺らしがあること、子どもの力で軌道に乗っていることを挙げたいと思う。

文献

池畑美恵子（2015a）障害児の発達臨床におけるギビナーセラピストの養成に関する予備的研究―同一事例に対する1年目と3年目のセラピストの教授行動の比較から―．総合福祉研究．19. 127-139.

池畑美恵子（2015b）課題学習場面におけるセラピストの教授行動に関する臨床的研究―経験年数の異なるセラピストの比較から―．発達臨床研究．33．1-8.

菅原伸康・氏家靖浩・松木健一（2004）課題学習の意味と役割に関する一考察―見本合わせ状況における知的に重い障害のある幼児の形の学習から―．福井大学教育実践研究．29．133-139.

土谷良巳（2013）最重度の障害のある子どもの学習活動に関する覚え書き―位置弁別延期反応状況における一義的連携化に関する実践事例による予備的考察―．上越教育大学特別支援教育実践研究センター紀要．19．19-23.

土谷良巳（2015）知的障害を伴う重度の障害のある子どもの「課題学習」―「見本合わせ法」に関する実践的再考―．上越教育大学特別支援教育実践研究センター紀要．21．43-48.

宇佐川浩（1998）障害児の発達臨床とその課題―感覚と運動の高次化の視点から―．学苑社.

宇佐川浩（2007）障害児の発達臨床Ⅱ　感覚と運動の高次化による発達臨床の実際．学苑社.

第 **10** 章

集団アプローチの位置づけと展開

　本章では、感覚と運動の高次化理論の視点から、発達段階に応じた集団アプローチの意味づけ、集団のメリットと留意点を整理する。

　集団の活動レパートリーは運動的な要素を意識したものや、音楽的活動、社会性やルール理解をねらいに据えたものなどさまざまある。それぞれの支援機関が開発した活動プログラムが長年踏襲されていくことも珍しくない。集団が中心の現場も多く、発達支援の基本形態であるとも言える。

　しかし、集団活動はその良さが強調されることはあっても、デメリットにもなり得る難しさはあまり強調されてこなかった。子どもが集団に入り、集団の中で育つ良さの一方で、発達段階や活動提供の方法によっては必ずしもうまくいくとは限らないことも多い。しばしば支援現場で集団参加の名のもとに子どもが著しく不安定になりながらも、とにかく参加を促され、ルール理解を求められている姿や、一部のメンバーは生き生きと参加をしているが、一部のメンバーは明らかに不参加な状態に置かれている姿を見ることがある。これは、子どもの発達的な問題だけではなく、指導側の集団の意味づけやスキルを整理する必要がある。

　集団のメリットを最大限発揮する活動展開とは何か、メンバー間での発達の差異はありながらもそれぞれの子どもの参加度を高めるための工夫は何か、これらの課題を一つひとつ整理していくことが集団アプローチの充実には欠かせないであろう。

1　感覚と運動の高次化理論にもとづく集団アプローチの構成

　淑徳大学発達臨床研究センターの集団アプローチは、音楽療法（聴覚運動療法）と集団認知・運動療法の2つから成る。音楽療法とは、音・音楽を媒介とした知恵・自己像・情緒を育てるためのトータルな臨床方法論である。発達初期段階から軽度域の子どもまで適応可能な中核的なアプローチである。音楽のもつ心理療法的側面と合わせて、楽器操作から引き出される因果関係理解や手の操作性の拡大、音楽を手がかりとした身体模倣、聴覚弁別、聴覚－運動協応といった知恵や自己像の発達も意識した独自性の高い療法として開発されてきた（宇佐川，1998，2007）。また、近年では象徴化水準から概念化水準にある子どもの役割取得やイメージ表現活動の一環として、音楽劇の開発・研究もすすめられてきた（長洞，2013など）。

　集団認知・運動療法とは、運動療法的な活動に始点・終点の理解と形成、因果関係理解と結び目の高次化、弁別（みわける・みくらべる・ききとる・ききくらべる）、グループダイナミクスといった認知的側面を取り入れたアプローチである（阿部ら，1995，1997）。サーキット

表15　感覚と運動の高次化理論に基づく集団アプローチの展開例（池畑，2015）

	Ⅰ層 知覚運動〜Ⅱ層 パターン知覚水準	Ⅱ層 パターン 知覚水準	Ⅱ層 パターン知覚〜 対応知覚水準	Ⅱ層 対応知覚〜 Ⅳ層 概念化Ⅰ水準
音楽療法	・音楽や教室構造を手がかりとした場面理解 ・楽器操作による音出し活動／始点・終点理解 ・パターン模倣活動 ・行進、身体遊び		・楽器のテンポ打ち ・繰り返しの役割活動 ・合奏や音楽劇を通した役割理解と表現 ・行進	・音当て／曲当て ・即興的役割活動 ・二人組み活動 ・ルール活動
		・歌や楽器の選択活動		
認知・運動療法	・始点と終点を明確にしたサーキット活動 ・身振りサイン活動	・乗り物遊具選択	・メンバーの運動課題を考慮したサーキット活動 ・乗り物遊具選択	・ルール活動 ・複雑な身体模倣
ポイント	Ⅰ層〜Ⅱ層のねらい ・視覚・聴覚・身体への働きかけと情動表現の促進 ・外界へ向かう姿勢づくり 　＊手を使う、動く、座る、見る ・始まり・終わりの理解と見通し ・物を手がかりとした行為の繋がり ・要求選択などコミュニケーション		Ⅲ層〜Ⅳ層のねらい ・視覚、聴覚による運動調節 ・外界や他者に合わせる姿勢づくり 　＊待つ、真似る、一緒に動く ・遊びを通した象徴性の高まり ・子ども同士の役割理解、役割交代 ・ルールの理解と参加 ・集団における自己の気づき	

活動は代表的な活動内容ではあるが、その中に発達段階に応じてコミュニケーション活動や、感覚統合療法に手がかりを得た身体活動を組み込むなど、幅広いバリエーションで構成されている。例として、2015年に取り組んだ集団アプローチの構成を**表15**に示した。発達段階別に4グループに分け、音楽療法と認知・運動療法の2つのアプローチを、1セッション（45〜60分）の中で適宜組み合わせながら展開している。また、実際の指導場面では、子どもたちの参加状態を見極め、その場で柔軟に順番や内容を変更したり、同一活動内でもねらいや配慮点は一人ひとりに変えている。

2　集団の発達段階の整理

　次に、発達段階に応じて集団アプローチをどう意味づけていくかを考えてみたい。この問題は、発達初期段階の子どもたちにとっての集団の意味と、社会性やコミュニケーションの支援

に重きがおかれる子どもたちにとっての集団の意味は異なるという前提に立った上での検討課題となる。先に示した**表15**は、あくまでの活動構成の一例であり、これらの活動を組み込むに当たっての「集団としての発達段階はどこか」を明確に整理しておく必要がある。そのような検討抜きに集団アプローチが展開される場合、例えば初期段階の子どもに象徴化レベルのルール理解を求めるような難しさが生じてしまったり、逆に既に理解・獲得している内容を繰り返すのみでグループとしての成長をどう支えていくかが見えにくくなるように思われる。発達段階に応じて活動レベルの難易度を変えることは基本的視点ではあるが、その土台として当該グループの「集団としての発達段階」を見極めることが重要であろう。

　手がかりとして、筆者はこれまでの臨床所見を通して**図24**に示すような5つの段階を想定している。一口に集団参加といっても、個々の反応の読み取りと原則理解に重きを置く段階から、場面理解や活動の見通しを重視する段階、活動の継続性や模倣を支えに参加が始まる初期の段階が考えられる。発達段階でみると、ここまでがⅠ層　初期感覚の世界からⅡ層　知覚の世界の子どもたちの集団の意味づけになるであろう。

　Ⅲ層　象徴化の世界やⅣ層　概念化の世界になると、メインセラピストの提示・提案と子どもの応答から活動が創られていくようなセラピストを核とした集団形成を目指したい。最終段階として子ども自らが集団に対する所属感をもち、その所属感、達成感を支えに活動への主体的参加が促されると考えられる。もちろんⅢ層やⅣ層の集団であっても、集団開始当初からすぐに第4、第5段階にいるとは限らず、第1から第3段階の個々の原則理解や見通しの形成、ある程度繰り返された活動への参加といった初期のステップを丁寧にふむ必要がある。しばしば、集団活動は最初から集団としてのまとまりやルール理解を求められる傾向がある。特に、高機能グループでそのような傾向が強まる印象をもつが、改めて「集団としての発達プロセ

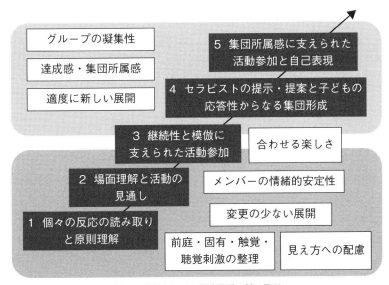

図24　集団としての発達段階の読み取り

ス」を踏まえた活動の整理が重要であると考えられる。

3 集団アプローチのメリットと留意点

　これまで述べたように集団アプローチで何を活動として取り組むか、その前提として集団としての発達段階をいかに見極め、具体的な活動内容と結び付けていくかが問われることになるが、これはある意味では慎重な姿勢であるともいえるであろう。その慎重さの背景には、集団アプローチは発達の理解と支援に繋がるメリットももちろんあるが、時にデメリットとも言える難しさを抱えることもめずらしくはないことが挙げられる。以下宇佐川（2007）の指摘を補足しながら、集団アプローチの意義と留意点をまとめていく。

（1）集団アプローチのメリット

　集団アプローチの意義すなわち個別アプローチとは異なる良さは何か、という点については、以下 4 点が考えられる。

①活動内容や形態にはさまざまなバリエーションがあり、比較的容易に実施できる

　ある程度の人数が揃えば、音楽的な内容から運動活動やコミュニケーション活動、ゲーム的な遊び活動、親子遊び、保育的活動など、さまざまな内容が考えられる。個別アプローチが多くの系統的な教材・教具と教授法の整理やスーパーヴァイズが求められる点に比べると、集団の実施そのものは容易であるといえよう。

②集団ならではの行動調整への期待——待つこと、注意集中、新しい活動への対応性

　少人数であっても、集団として場がつくられるならばそこには待つことや順番、前方や他児への注目など、個別場面とは異なるセラピストのかかわりや進行ペースが生じることとなる。これらは、集団ならではの行動調整と言えるであろう。また、新しい活動の導入なども、個別場面以上に子どもにとっては変化の大きい経験となりやすく、新規の活動にどう対応していくかといった点も、集団を通して支援できる力であると考えられる。

③個別とは異なる心理作用と自己表現

　子どもによっては個別と集団で臨床像が異なるケースがある。発達初期段階の子どもは、概ね刺激が整理され、ある程度子どもに合わせられる個別場面の方が適応的で、集団場面の方が不安や拒否的行動が増えやすい傾向である。Ⅲ層 象徴化水準以上では、個別場面よりも集団場面の方が適度な緊張感があることで、調節的な行動をとれる子どももいれば、逆に集団場面は緊張感が強く抑制的になり、個別場面ではその反動とも思える程発散的な行動を示す子どももいる。いずれにしても、個別場面と集団場面での臨床像の違いは、子どもをアセスメントする際の重要な情報である。両者の差が大きい子どもほど慎重に重点課題を見極めていかなくてはならない。

④メンバー間でのポジティブな相互作用の展開

　Ⅲ層　象徴化の世界になると、子ども同士の意識が芽生え、かかわりを楽しむことや子ども同士で真似ることの面白さが育ち始める。活動設定においても、お店屋さんごっごや合奏、表現活動などイメージの共有や役割取得をねらいとした活動展開が可能となり、個別アプローチにはないグループダイナミクスを促すことができる良さがある。

（２）集団アプローチの難しさと留意点

　一方、集団アプローチのデメリットともいえる課題は、以下４点が考えられる。

①適応上の困難が表面化しやすい

　まず、一般的にみて子どもたちの情緒不安や拒否などの適応上の困難は個別場面よりも、集団場面の方が表面化しやすく、またそのような危機場面での介入も集団の方が難しい点が挙げられる。拒否を例にとってみても、個別場面であればその要因を見極めながら、慎重に提示を変更したり、手がかりを与えるなどのステップダウンにより、拒否を拒否のままで終わらせることなく、折り合いをつけていくこともできる。しかし集団場面ではそのような高度な個別的対応は困難であることが少なくない。結果として、活動からはずれる子どもに対して単なる制止や引き戻しに終始し、誤学習を重ねている場合も多いといえる。この点は、後述するようにセラピストの役割の整理とも関連する問題である。

②刺激が大きく、複雑になりやすい

　上記の①とも関連するが、集団場面は特に発達の初期段階では視覚的にも聴覚的にも刺激が大きく、複雑になりやすい。臨床的には、初期段階の子どもが集団場面への参加を難しくさせる要因として、聴覚刺激の複雑性と活動内容の難易度、活動時間の３つが大きいと感じている。うるさい、難しい、長いという３要因である。逆に言えばできるだけ刺激をシンプルに整理し、易しいステップから、集中時間に合わせた長さで展開をすることが重要である。

③メンバー全員が、同じ目標内容になりやすい

　集団活動の目標や内容はメンバー全員同じである必要はない。子どもによっては、活動が発達段階に合わないにもかかわらず、形の上では同じことをさせようとするため、結果として無理を強いることになりやすい。同じ活動でも、何を、どこまでを目標とするかは子どもに応じて変えていく個別配慮の重要性はもっと強調されてよいと思われるが、平等に扱わなくてはならないという指導者の価値観や、個々の発達の捉えの難しさからすすみにくいのが現状である。

④メインセラピストとサブセラピストの役割分担と連携

　活動の進行役であるメインセラピスト（MTh）とアシスタントにまわるサブセラピスト（STh）が、いかに的確に役割分担をし、連携をとりながらすすめていけるかによって活動の展開やグループとしてのまとまりは大きくかわる。②の刺激の複雑さを例にとっても、MTh

と同じ程度に STh が声を出しては騒がしさが増すなど、細かなレベルから人的環境を整理することが重要である。この点については後にまた取り上げるが、役割分担と連携の重要性を共通理解することは容易ではなく、子どもの発達の見方や活動の発達的意味といったレベルから丁寧におさえていかなくてはならない。

　以上、集団アプローチのメリットと留意点をそれぞれ 4 点挙げた。これらの課題を整理していくためには、初めから活動ありきではなく、子どもの発達アセスメントが的確になされ、支援仮説と目標設定のもとで慎重に活動提供をすすめていくことが重要であると考えられる。

4　集団アプローチの展開にかかわる臨床的視点

　ここからは、実際の集団アプローチの展開に際しておさえていきたい臨床的視点について、場面構成とセラピストの役割を中心に述べていきたい。

（1）環境整理・場面づくり

　集団の環境整理として初めに検討するのは、空間づくりである。臨床的に、初期段階の子どもほど集団といっても子どもの見える範囲、動く範囲で十分であり、広い空間は必要としていないことが多い。あるグループでは、子どもの様子が回数を重ねてもなかなか落ち着かない、前方への注目が得にくいとった姿を受け、パーテーションで空間を狭めそれまでより大幅にMTh と子どもたちとの距離を縮めたことがある。結果としてこの変更は功を奏し、活動参加の安定度が高まった。

　集団アプローチをすすめるなかで、時折子ども側に座りセッションの展開を見てみると、予想よりも MTh の動きや指示が捉えにくかったり、何気ない教具の提示が見えにくい、周囲の人の動きが目につきやすいといった問題に気が付かされることがある。教室空間における子どもの位置、子どもから見える刺激の整理は重要であろう。

　また、教材学習と同様に集団アプローチにおいても、始まりと終わりをいかにわかりやすくするか、という点は重要ポイントである。すなわち、活動の開始時のセッティングと終了時のセッティングはできるだけわかりやすくし、必要であればその 2 場面だけは変更を加えないという配慮も必要である。子どもたちが入室した際、まず何をするのかが見てわかる状況をいかに工夫するか、また活動の終わりをいかに予測しやすくするかが重要である。参考までに写真を載せてみたい（**写真43、写真44**）。

　空間の整理に次いで、聴覚的刺激をいかに有効に使い、場面を整理するかも重要である。例えば、全てセラピストによることばの指示で展開している場面で、ポイントを絞って楽器音で子どもたちの注意をひきつけたり、特定の曲を使って動きをまとめるといった方法が考えられる。例えばⅡ層の子どもが、活動の切り替えで不安定になり、特に「おわり」「お片付け」と

写真43　パーテーションとポストで開始を示す

写真44　顔写真カードで席を理解する

いった言語指示で混乱をするような状況があれば、それを音やメロディーで切り替えてみるとうまくいくことがある。また、支援現場では、歌や音楽を活動として取り入れていることが多いが、あまりにも歌や音楽の刺激が多すぎることにも留意する必要がある。

（2）人的環境としてのセラピストの役割整理

　空間的配置の次に重要な点は、MTh と STh の役割やかかわり方をいかに整理していくかという点である。まず、MTh の役割としては、①活動の進行、②モデルの提示、③プログラムの内容や順番の選択・決定、④ STh への指示出しという4つの主要な役割が考えられる。支援機関の中には、③プログラムの内容や順番の決定はあらかじめなされており、予定通り展開することが常となっている場合も少なくないようである。見通しのもちやすさという意味では、ある程度プログラムが決められた順で展開していくことも必要ではあるが、あまり規定性が強いと子どもの状態に合わせた柔軟な展開は難しくなる。MTh が予定通り遂行することを意識するあまり、子どもの個々の動きが見えにくくなり、参加している子どももいれば、明らかに不参加の子どももいる中で、活動だけは次々と展開していくという事態になりかねない。特にⅠ・Ⅱ層の段階では、事前にプログラムを決める段階で、内容に余裕をもって計画をたて、メンバーの状態に応じて臨機応変に遂行することで、不適応状態を必要以上に長引かせることのないようにしたい。

　Ⅲ・Ⅳ層の段階になると、時に子どもたちから新たな活動案が出ることもあり、それをプレイフルに汲み取っていくことも大事であろう。つまり、グループが動くということである。せっかくメンバーの凝集性が高まった場面があっても、MTh が予定通りの進行を意識しすぎると、凝集性が断たれやすい。Ⅲ・Ⅳ層では、MTh のもう1つの役割として、⑤子どもの動きや注意をまとめる、時に演技性も用いてまとめることが重要である。

　「子どもの状態に応じて臨機応変に」という点こそ MTh の力量が問われる場面でありまた、集団アプローチの醍醐味でもある。MTh が単なる号令がけに終始せず、子どもの状態や参加度に注意深く目を向けながら、最適な内容ですすめていきたい。

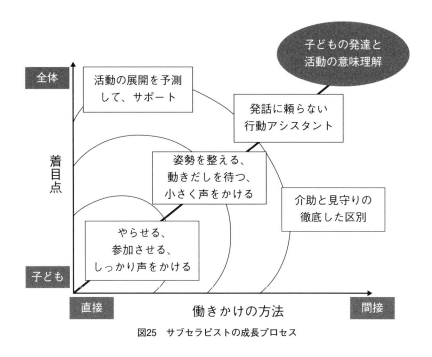

図25　サブセラピストの成長プロセス

　次にSThを考えていく。集団アプローチはメインや子どもの存在も大きいが、実はSThが
どう動くか、という点もグループの様相を変えることが多い。SThの役割としては、①子ど
もの姿勢保持、視線や注意の確認・整理と②活動参加のサポートの2つが大きな役割であり、
合わせてMThが見落としがちな、③子どもの行動観察という3点が考えられる。①、②につ
いては、あくまでもサブとして、積極的な黒子としての働きかけに徹することが重要で、
MThと同じような声かけや子どもの動き出しを待たない手引き誘導は、初歩レベルである。
SThの役割は単に参加させるための介助ではなく、活動に向かえるよう道筋をつくるという
サポートが重要である（図25）。

5　おわりに

　「子どもの状態に合わせて臨機応変に、柔軟に」という基本原則は、個別指導においても集
団アプローチにおいても共通する。その点にこそ、メインセラピストの力量が問われており、
単なる号令がけや進行役に終始せず、子どもの状態や参加度に注意深く目を向けながら、最適
な内容と物的、人的配慮を常に検討する姿勢が求められている。集団アプローチは、「皆と一
緒に」が強調されやすい。保護者もそれを期待しやすい。しかし重要なことは、個々の子ども
にとっての集団の意味づけであり、その上で参加度を高める工夫を重ねることが集団アプロー
チの醍醐味であるともいえるであろう。

文献

阿部秀樹・石井みや子・宇佐川浩（1995）集団認知・運動療法の開発と臨床的適用．発達臨床研究, 13, 31-47.

阿部秀樹・石井みや子・宇佐川浩（1997）集団認知・運動療法の開発と臨床的適用Ⅱ—発達水準別グループにおける活動内容の検討—．発達臨床研究, 15, 65-76.

長洞萌美（2013）障害児の集団活動における音楽劇の臨床的研究Ⅰ—主体的な参加に向かう活動ステップの整理—．発達臨床研究, 30, 23-38.

宇佐川浩（1998）障害児の発達臨床とその課題—感覚と運動の高次化の視点から—．学苑社.

宇佐川浩（2007）障害児の発達臨床Ⅱ　感覚と運動の高次化による発達臨床の実際．学苑社.

あとがき

　近年、発達障害の早期発見・早期対応が掲げられ、"特性に応じた"かかわりがさまざまな場で求められている。しかし、障害児・者の発達臨床では、たとえ特性に応じた支援や指導と考えられているものでも、果たしてそれが目の前の子どもに合っているのか、本質的な支えとなっているのかを、当人から直接ことばで聞くことが難しい。子どもの体験世界を想像するよりほかはないが、一人ひとりの臨床像が大きく異なる上、かかわり合いの場で求められる役割のあり方で、指導者に感じ取れるものが変わることも多い。子どもを理解することが実践の基本でありながら、最も難しいテーマであるといえよう。

　子どものトータルな育ちを考えるとき、基本的な出発点となる"子どもの今ある姿を発達的にどう理解するか"について、本書は感覚と運動の高次化理論を手がかりにその視点を整理した。診断名や特性、発達年齢という視点は、発達理解の助けになり得る。しかし、それらが示す一般的傾向とは異なる個別的、具体的な姿の中に、個々の発達が見えることが多い。かかわりの中で子どもの外界理解のありようと（知恵）、その理解をまとめあげる自己の立ち上がり（自己像）を的確におさえ、行動の発達的意味や変容可能性を総合的に整理することを実践の根拠と考えていきたい。

　もちろん１つの理論だけで、現場の全ての事象を説明することはできない。しかし、理論を拠り所に子どもを理解することで、子どもの姿が指導者によく見えるようになり、子どもの行動のもつ意味や深さを共有できるようになることが、実践力を高めていく確かな方法ではないかと考えている。さまざまな指導法を活用しながらも、実践の内容は、最終的には指導者の目線が子どもの何を見ようとしているのかに方向づけられていく。指導者の子どもを理解する眼やかかわりの柱を構築していく上で、本書が拠り所の１つになれば幸いである。

　本書をまとめるにあたり、初めて理論に触れた講義ノートや膨大なカンファレンス資料を改めて手に取る機会があった。宇佐川浩先生は、客観的な発達評価や行動評価の意義を認めつつ、一方で、臨床的には数量化や標準化できないが、関係性の中において意味をもつ現象が確かにあること、その現象のもつ意味を"すくい取る"ことに実践の意味があることを強調されていたように思う。

　また、子どもに何が起きているのかをすくい取る目や、かかわりを整理し拡げていく臨床的判断力は、多くの子どもに出会い、指導経験を重ねるだけでは不十分であることを教えられた。すなわち、実践者が見ていることを文字化・言語化するために依って立つ理論が必要であり、さらに文字化・言語化したことを複数の視点で検証する仕組みとして「事例検討」が必須であると考えられる。感覚と運動の高次化理論は、指導マニュアルにはなり得ない。実践の場で、理論を手がかりに事例の経過を説明し、検証することで、初めて柱となる見方が整理さ

れ、子どもの体験世界に 1 歩寄り添える実感が得られることを期待したい。

　最後に、今日ある淑徳大学発達臨床研究センターの基盤を築き、かけがえのない多くの財産を残して下さった故宇佐川浩先生、石井みや子先生、阿部秀樹先生、ならびに現在まで日々の実践を支え創意工夫を重ねて下さる臨床スタッフに心より感謝を申し上げたい。また、学苑社の杉本哲也氏には数年も前から出版を後押し頂いた。さまざまな機会を通して、実践に携わる先生方からも多くの示唆とエネルギーを頂いていることに感謝を申し上げたい。

2020 年 5 月　筆者

池畑美恵子（いけはた　みえこ）

2002年　淑徳大学大学院社会学研究科社会福祉学専攻　博士後期課程　満期退学
現　在　淑徳大学総合福祉学部教育福祉学科教授
　　　　淑徳大学発達臨床研究センター長

主　著　『子ども支援の現在を学ぶ　子どもの暮らし・育ち・健康を見つめて』（分担執筆）
　　　　みらい　2013年
　　　　『演習　保育と障害のある子ども』（分担執筆）みらい　2017年

淑徳大学発達臨床研究センター

1972年より発達に気がかりやつまずきのある幼児と小学
生の療育・学習支援と臨床研究を行う。淑徳大学総合福
祉学部の学部学生や大学院生の臨床実習の場としても機
能している。ホームページには、研修セミナーや研究紀
要発刊等の情報を掲載している。

https://www.shukutoku.ac.jp/shisetsu/welfare/hattatsu/

装丁　有泉武己

感覚と運動の高次化理論からみた発達支援の展開
──子どもを見る眼・発達を整理する視点　　　　　©2020

2020年7月25日　初版第1刷発行
2024年9月1日　初版第9刷発行

著　者　池畑美恵子
発行者　杉本哲也
発行所　株式会社　学苑社
東京都千代田区富士見2-10-2
電話　　03（3263）3817
FAX　　03（3263）2410
振替　　00100-7-177379
印刷・製本　藤原印刷株式会社

ISBN978-4-7614-0816-9　C3037

発達支援
障害児の発達臨床Ⅰ
感覚と運動の高次化からみた子ども理解

宇佐川浩【著】

A5判●定価3080円

行動の発達的意味を問いつつ、つまずいている発達要因間の絡みやその発達プロセス、感覚と運動の高次化発達水準について解説。

発達支援
障害児の発達臨床Ⅱ
感覚と運動の高次化による発達臨床の実際

宇佐川浩【著】

A5判●定価3080円

発達臨床の問題や自閉症児・軽度発達障害児に対する感覚と運動の高次化アプローチからみた支援と臨床論、教材・教具論などを解説。

発達支援
感覚と運動の高次化理論に基づく教材の活用とかかわりの視点
発達支援スタートブック

池畑美恵子【監修】
冨澤佳代子【編著】

B5判●定価2530円

「感覚と運動の高次化理論」に基づいた教材・教具・アクティビティを紹介。その活用を通して、子どもの発達の理解や実践の工夫につなげる。

発達支援
非認知能力を育てる発達支援の進め方
「きんぎょモデル」を用いた実践の組み立て

関西発達臨床研究所【編】
高橋浩・山田史・
天岸愛子・若江ひなた【著】

A5判●定価2090円

子どもの充実した成長・発達につながる非認知能力を育てるための「きんぎょモデル」を紹介。笑顔を生み出す楽しい発達支援！

発達支援
子どもの心の世界がみえる
太田ステージを通した発達支援の展開

立松英子【編著】
齋藤厚子【著】

B5判●定価2530円

子どもの発達を捉える指標として、教育や福祉の分野で活用されている「太田ステージ」について、理論と実践の面から解説。

発達支援
誰でも使える教材ボックス
教材共有ネットワークを活かした発達支援

奈良県立奈良養護学校【編】
高橋浩・藤川良純・西端律子・
太田和志・鴨谷真知子【著】

B5判●定価2420円

教材をデータベース化した連動サイト「教材共有ネットワーク」の活用方法も含め、「作りやすくて使いやすい」教材を紹介！

税10%込みの価格です

学苑社

Tel 03-3263-3817　〒102-0071 東京都千代田区富士見2-10-2
Fax 03-3263-2410　E-mail: info@gakuensha.co.jp　https://www.gakuensha.co.jp/